薛瑞萍班级日志

破茧而出的四年级（下）

薛瑞萍 著

江西教育出版社
JIANGXI EDUCATION PUBLISHING HOUSE
·南昌·

图书在版编目（C I P）数据

破茧而出的四年级．下 / 薛瑞萍著．-- 南昌：江西教育出版社，2020.11
（薛瑞萍班级日志）
ISBN 978-7-5705-2006-0

Ⅰ．①破… Ⅱ．①薛… Ⅲ．①小学语文课—教学研究 Ⅳ．① G623.202

中国版本图书馆 CIP 数据核字（2020）第 159643 号

破茧而出的四年级（下）
PO JIAN ER CHU DE SI NIANJI（XIA）
薛瑞萍　著

江西教育出版社出版
（南昌市抚河北路 291 号　　邮编：330008）
各地新华书店经销
江西千叶彩印有限公司印刷
开本 880 毫米 ×1230 毫米　　1/32　　印张 6.5　　字数 114 千字
2020 年 11 月第 1 版　　2020 年 11 月第 1 次印刷
ISBN　978-7-5705-2006-0
定价：36.00 元

赣教版图书如有印装质量问题，请向我社调换　电话：0791-86710427
投稿邮箱：JXJYCBS@163.com　　电话：0791-86705643
网址：http://www.jxeph.com

赣版权登字 -02-2020-382

序言

Preface

只是陪伴

一

1979年10月，赵化玉老师引导同学们写日记。那年我14岁，正读初二。14岁，初二，才开始学写日记！那是怎样一个散漫而魔幻的年代！

倏忽41年过去。敝帚自珍的20多本自说自话也好，教育论坛上的教学叙事也好，喜马拉雅App上的“看云读书”系列讲述也好……都是日记，是寻常岁月在文字和声音里留下的印记。源头，都在教我语文的赵老师那里！

对我来说，日记是生活记录，也是生活本身。记录带来反思。反思与不反思的日子，怎么可能一样？

二

从教37年，服务7届孩子。

1984年8月入职，我接手的是三年级。2020年10月退休，我告别的是五年级。中间五轮大循环，“心平气和”的这一届是第四轮。其时正值“新课标”勃兴，其时恰逢“信息时代”到来。那些年头的老师，真是既淳朴又浪漫，既飞扬又踏实——

读帖、跟帖、争论、交流……“论坛时代”少有图片，更鲜见视频，大家展示或比拼的就是文字，是文字叙述的实践与思想。诚实的书写总能获得热忱鼓励，让发帖人欲罢不能。

就这样一路行一路写，从“兴致勃勃”到“栀子花开”，实实在在！始于2004年8月30日、结在2010年6月13日的六部“流水账”，是孩子的成长记录、教师的心路历程，也是一个时代的产物和证明。

此情可待成追忆，只是当时已惘然。

倏忽10多年过去，学校及整个教育环境发生了巨大变化。然而同行以及家长，依然记得这套班级日志。大家的记得，也许是对一个时代、一种情怀、一种教育生态的想念吧。

三

再版之际，需要强调的是三点反省。

反省之一：关于写话和日记。

一个突出的过失，就是鼓励进而要求一年级孩子写话。名为“自愿”，然而一年级的家长和孩子哪里禁得起老师，尤其是看云老师的鼓励和刺激！后来我才知道，为了写出得到表扬的那几句，孩子一家往往需要忙到很晚。原本这些时间应该是孩子用来运动、玩耍、阅读和睡觉的。如果老师真的“心平气和”，就该懂得等待，等“时候到了”再让孩子写。那么孩子会少累很多，而且事半功倍。

之后的两届，看云给学生和自己减负，二年级开始写日记，一周一篇，及时点评。事实证明效果更好。《写作课》就是这种反思与实践的记录。

反省之二：关于阅读。

一年级每天背诵两首儿歌，二年级鼓励孩子读整本字书——这就让阅读罩上了求多、求快、求深、求早的“火烧云”。无视“此一阶段”孩子的感觉和需要，减损了儿童阅读应有的从容与舒适。

具体到“儿童经典诵读”，当年的我还是过于强调背诵了。这是对“显性成果”的偏执，应当检讨。当我批评“诗词大会”沦落为“背诵大会”“记忆大赛”的时候，我常常想起自己班上的“赛诗会”。一位女生曾因此紧张到肚子痛。

反省之三：关于考试。

连续贴出的“单元测验情况”说明什么？说明我还是把分数看得太重。这不是基础教育工作者应有的心态。之后两届，看云不再为了分数跟自己及孩子过不去，也不再盯住弱孩子帮扶到底。

终于明白：不管你教得如何努力，也有孩子就是考不及格，且这些孩子有权过“不及格的幸福生活”。也就是说，看云无权要求孩子、家长和自己一起“为了及格而奋斗”。奋斗的结果是：那个家庭终于不能承受“师恩的压力”，让孩子转学走了。

几年之后，当孩子母亲告知原委时，我才明白：教师要自觉限制自己的行为，包括以爱为名的过度期待、过度帮助、过度打扰。否则，教师就是在制造教学污染，令人避之不及。

四

连续性是第一重要的教育原则，也是看云著述的特点。日记嘛！

同是教育叙事，对比《给我一个班，我就心满意足了》和《心平气和的一年级》，同是毕业致辞，对比《投我的影子在你们的卷上》和《世界上最重要的事情》，从浪漫到质朴的一路，流转的是岁月，也是心境。

经典诵读是一种生活方式，也是一种教育理念。在我这里，作为班级实践的儿童经典诵读开始于“心满意足”那一届，具体地说，是开始于1998年9月。

那一届的一年级，我们人手一本《365夜儿歌》；那一届的二年级，我们人手一本注音版《365夜日记》。到了六年级，我们诵《爱莲说》《新月集》，读《铁道游击队》《红日》《我们仨》《汤姆叔叔的小屋》《苏菲的世界》《小王子》……。将班会和家长会开成读书会；就阅读给家长写信，也是从那一届开始的。

“心满意足”的那一届，我还在“成绩报告册”里私自添加了

“阅读”一科。一至六年级，每个孩子的“阅读课”成绩都是具体而实在的，打分依据是各人的诵读状态及读书分享表现。目的就是用分数促使孩子及家长重视阅读，爱上阅读。

“无限信仰书籍的力量！”

苏霍姆林斯基的信念也是我的信念。

五

“班级阅读课程化”是书香班级的硬核所在，课程化的内容和节奏，只能在连续真实的摸索与实践中得以产生和确定。

当《教六年级的日子》在栀子花香中结束，“我们班的阅读课程”也如一条道路在眼前延展。那就是：

1. 向家长募集资金，建立班级书库，保证孩子每天能够借阅一本图书。

2. 一周一个故事，固定时间讲述，讲述内容主要来自班级图书。

3. 以《日有所诵》为材料，日有所诵。

4. 以吟诵的方式学习古诗，一周一首，形成韵律。

“除了吟诵，前三项我几乎都在做。薛老师，原来我也在做阅读！

“刚上课的时候，教室不是有点乱吗？我就让学生读书给我听。低年级读儿歌，中高年级读诗。就一两分钟，很提神，很聚气。

我喜欢用小故事创设情境，然后他们自由作画。我还鼓励学生从图画书里找灵感。他们画的时候，我就看书。每个班都有书柜，都有看不完的好书！”8月21日上午，隔壁值班的美术老师说。

是啊，是啊。如呼吸，如饮食；如水渗地，如风入林。我的同事们，不分学科、自然而然——都在做阅读。

六

说说占用思品课的事。

16年前，2004年9月，校长巡课时就注意到看云课堂的不一样。她既好奇应该紧张的语文课何以可以听音乐，也诧异于思品课何以能够听歌、读书、写作业。前者太过奢侈，后者明显违规。

说服校长的，不是“课改”“整合”以及“完整的教育”“完整的人”这类说辞，而是日子一天天过去，一（2）班呈现的秩序井然的状态。

文明沉静，知书达理。

书香班级是非少，书香家庭幸福多。

这是我的信念，也是我对孩子及其父母的期待。

37年，我和搭档没有碰到特别难沟通的家长；37年，校长们——算起来共有7任，没有遭遇过来自我班家长的困扰。这是我的福气，也是历任校长对我特别包容的原因。

占用思品课不是一件理直气壮的事情，需要先完成思品课教学任务，需要有“做完整教育”的事实，更需要相对宽松的环境、相对包容的领导。年轻的同行啊，不要被我误导了。

语文课时向来紧张。不要贪多，不要急躁。首先要踏踏实实完成教学任务，其余能做多少做多少。

阅读固然重要，更重要的是我们师生的健康和舒心。

七

关于诵读、吟诵、讲述，都有完整连续的课堂记录出版。这里特别想说的是“班级图书”，这一块儿太重要了！

班级图书对于班上的孩子而言，是草原之于羊儿，河流之于鱼儿。我确信：优质且适宜的班级图书，是集体生活清洁而丰沛的水源。我欣见：课堂不爱发言的孩子们，课间围绕一本好书，说得热火朝天！

而我自已，归根到底，就是在自由阅读、自主探索中走过来的呀。

“心平气和”之后的两届，家长中颇有热爱儿童阅读、熟悉儿童文学的。于是图书选购日益成为“家委会阿姨”的事情，于是承载了爸爸妈妈童年回忆的《大闹天宫》《黑猫警长》《雪孩子》得以进入班级，成为亲子共读的温馨材料；于是老师把《鸡毛信》《雁翎队》《三国演义》带进教室，使得连环画成为孩子们私下交流的

“硬通货”。

于是呢，在临近退休的日子里，在2020年这个特殊的夏天，承蒙合肥市62中年轻同行的信任——修订版的班级日志就有了分年级、分学期的班级书单。

要计成本，要兼顾中外，我们的书单一直在更新。定格在这里的，是一个参考与回顾。非常局限，非常个人。然而对于一个孩子来说，数量与深度持续累进的这么多书，就相当于一道瀑流、一条路，可以取一瓢饮，也可以凭借阅读所得线索，走向书店、书城、公共阅览室——走向自我教育的彼岸。

不少中国原创的“老书”已经绝版，这是一件非常令人痛惜的事情！特意录在这里，是纪念，也是期待。

有些书广为人知或一搜便知，有些书年轻人鲜少听闻或几乎淡忘。这是书单信息详略不同的原因。特意标明出版和制作单位的只有经典动画和连环画，是为了表达一份个人的感情。

致敬《连环画报》、上海人民美术出版社、上海美术电影制片厂。它们以良心创作滋养了包括看云在内的几代人，我们不应该忘记。

八

关于世界儿童文学，请尽量购买保留原著插图的版本，这才是严格意义上的正版。

比如《小王子》《西顿野生动物故事集》《杜立德医生的故事》《天使雕像》，作者本人亲笔描绘的插图，是作者在文字之外，为读者开启的一扇心门！

比如《时代广场的蟋蟀》《塔克的郊外》《夏洛的网》《精灵鼠小弟》，盖斯·威廉姆斯和E.B.怀特的插图，是故事不可分割的部分。仿佛骨中之骨，肉中之肉。

还有英格丽·凡·奈曼所作《长袜子皮皮》的插图，笔触之温软与纯净，背景之明澈与空灵，几乎可以在阅读之前，先触动我们的心！还有灰谷健次郎的《兔之眼》，最令本班孩子难忘的，是那些充满力量的插图。至于E.L.柯尼斯伯格的《小巫婆求仙记》——“不看图，你绝对想不到，她是一个黑人小女孩！”

如何习得鉴别插图真伪的眼力呢？彭懿老师的《世界儿童文学：阅读与经典》是可靠的教材。我以为，《世界儿童文学：阅读与经典》《世界图画书：阅读与经典》兼具学术性、思想性、艺术性，是小学语文教师之必读书。

九

“干净”是我对写作的追求，然而“干净”似乎是没有止境的。所以要修订，要删冗。编辑用心做出索引的这一版，定能为你节省时间，带来方便。

至于说到这一套日志的意义，那就是——

陪伴。只是陪伴。

父母也好，教师也好，比起2004年，挑战更多，压力更大。

挑战更多、压力更大的何止教师和父母呢？对于中国来说，“三千年未有之巨变”一直就没有停歇过，所以我们一直在探索和适应中。然而总有一些东西是必须坚守的，那就是——

对儿童的忠诚，对真教育的追求。

忠诚服务儿童，努力实践真教育的同道啊，愿你足下的道路，长远而坚实。

感恩你的开卷！

祝福你和你的孩子！

薛瑞萍

2020年8月23日

身安道隆

季祥珍老师是扬州人，也带四年级。“心随我动——我的教育和生活”是她的主题帖，也是我常去浏览的帖子。眼睛坏得几乎瞎了，故而对于朋友的帖子，我总是看得多，跟得少，只是默默感动于大家的奋进与劳苦。我有一个习惯，读帖之前，总要先瞄一眼发帖时间，而我看见的时刻，又多在夜间，甚至深夜。就在下意识的一瞥中，一线疼痛拉过心尖。于是我更少跟帖，怕的是那些喜欢我的年轻人因此受了鼓励，越发不知珍重地熬夜去阅读、思考、写作，忘记了自己一直在透支，一直在过度付出。

“两眼一睁，忙到熄灯。躺在床上，想着学生。”这话真实道出了如今中小学教师，尤其是班主任的生活状态。教师是专门提供精神帮助与成长支持的行业，这个行业一方面需要从业者具有高度自觉的奉献意识，一方面需要从业者自身拥有充沛的力量——真真切切感觉到自己有尊严、有自由、有智慧、有力量。一个教师，尤其是年轻教师，当他身心疲惫却动辄得咎的时候，当他被要求奉献再奉献，却绝少得到关爱、宽容与呵护的时候，如何可以品尝到职业荣耀的滋味，又如何可以给人以帮助、输人以力量？

残忍且不露声色地，霉菌一样的职业倦怠正广泛而深入地侵蚀着教师的身心健康。在很多优秀教师那里，支撑他们强打精神“兴致勃勃”的，是无处不在的客观压力，更是于不知不觉间内化到骨髓深处的职业道德。

> 我累了，夜空里的香水百合曾经盛开过，但是现在谢了。花谢了，月亮老了，星星睡了。我坐在电脑椅上不想动了。
>
> 守望是永恒的距离，距离创造的不仅是美，更是不可触及的精神柏拉图。网络太纤细，无法承载太多太厚重的情感。想要的其实是彼此的温暖、彼此的给予、彼此的扶持……

在季老师的帖下读到《我累了》。同时读到的还有太仓许丹仙的日记，真正的兴致勃勃，斗志昂扬：“一个问题，如果家长确实无法陪伴在孩子身边，怎么办？还是要唤醒孩子内在成长的冲动，只有这样，成长的力量才不会枯竭。说到底，成长是为了自己啊。”

我知道，两篇文章、两种情绪放在一起，才是季老师、许老师的真实，才是我辈的真实。

许老师带着两个班的语文，还是班主任，还是教研组组长，头发都累成拉板儿直了。许老师的睡眠一向不好。听说看云日日喝的“麦茶”效果不错，于是嘱咐看云“有时间把方子说给我”。今天星期六，今天有时间，今天搜出合肥网友戴菊丽老师的原话给她：“把炒小麦一小把（小麦洗干净，晒干，炒熟）、红枣10颗和炙甘草一小把（中药房有售，5分一克）放在一起，在砂锅里烧开，当水喝，喝完再烧一次。我每天都烧，喝起来甜丝丝的，感觉效果很好，不用再服其他药物了。”

“身安道隆。”“治人事天莫若啬。”再三再四，我对朋友如是说，恳求她们不要让网络吸干了自己。然而我为什么要在周末写这样的闲话呢？我为什么守不住“一周只写两篇，一篇不超过2 000字”的底线呢？

“悠悠万事，健康为大。写帖子很耗心血的。多歇少写，多做户外活动。”“如看云一样，因为网络写作而一再出书的小学教师，全中国能有几个？”然而我又怎么知道起步更早、上进心更强的年轻人，假以时日，就不能取得比我更高的成就呢？

但愿朋友们不要以为我是在玩欲擒故纵的低级把戏。但愿所有朋友尤其是年轻朋友，和我一起牢牢记得：“悠悠万事，健康为大。”

法不孤起，弘之在人。身安则道隆。往最基本的事实说，这是我们和我们亲人的平凡幸福所系；往更朴实的道理说，这是中国教育的希望所在。

薛瑞萍

2007年10月20日

目录 Contents

2月 "当然是猪！"

3月 语言的纪律

4月 / 另一种海鸥

5月 / 默哀的课

6月 / “破壳而出”

附　录

2月 February

“当然是猪！”

2008年2月21日 / 星期四 晴

“当然是猪！”

开学第一天。收作业，发书，训话。孩子们背着新书欢喜而散。

“薛老师，给！”马静婷（梦想天使）递上一本手写书的复印件。翻一翻，快速览过。嗬！真是有模有样啊——起承转合，娓娓道来；麻雀虽小，五脏俱全。这是一本真正的书。

“企鹅小美是主人公，对吗？”

“对。”

“彩蝶猪猪、梦想猪猪、小荷猪猪其实就是韩玉琤、马静婷、胡婧怡对吗？”

“嘿嘿，对！”

“那么看云老师呢？是人还是猪？”

“当然是猪！”

“哈哈，好一个‘当然是猪’！谢谢！谢谢马静婷让我成为猪猪庄园里的一员！老师觉得荣幸，觉得幸福！”

以下是孩子母亲朱云娟发到网上的小说节选。

企鹅村与猪猪村

目　录

1. 企鹅村与猪猪村

企鹅村位于宠物国的东北方，是一个富裕的村子，里面生活着快乐、健康的企鹅们。企鹅村里的商店很多，给企鹅们的生活带来了方便。企鹅们刚出生时，还不过是一只只很小的企鹅，要父母照顾。他们日复一日地长大，长成了美丽、调皮、可爱、善良的企鹅宝贝。

猪猪村位于企鹅村的西北方的一座小岛上，岛上长满了绿树，猪猪村的岛心有一个奇怪的湖——心月湖，听说这是美丽的仙女的长发变成的湖。猪猪宝贝们就在这座绿树环绕的岛上生活。

企鹅村与猪猪村虽然都在宠物国，但并不来往，直到有一天……

2. 因“牛牛奶浴”发生争吵

天哪！企鹅们吵架啦！

由于企鹅们全体参加了一个拼图大赛，优胜者可得到一瓶价值连城的“牛牛奶浴”。可是，不知是巧合还是什么，企鹅美妞和小宝同时拼完，而小宝死活不承认是美妞先拼完的，两人没有一个人愿意让步，就去找裁判要个说法。

裁判听了说：“那就算美妞赢吧！女士优先嘛！”小宝一听，火了，冲着裁判大叫：“为什么？不是应该重男轻女吗？”美妞又大叫道：“什么？什么？给你？想得美，你以为你是谁啊？贝克汉姆吗？p#￥*%#*++#￥/*—……”

最后，还是裁判想了一个主意，一人一瓶“牛牛奶浴”。战争终于结束了！

3. 企鹅村的新成员——小美

这一天是6月12日，企鹅村的医院里，传来了一阵“哇！哇！”的声音，那就是企鹅村的新成员——小美诞生了。2个月后，小美变成了一个活泼、外向的姑娘。她整天戴着一个鲜红的蝴蝶结，人们也称她“蝴蝶结姑娘”。

小美是一个调皮的企鹅姑娘，企鹅哥哥们去翻单杠，她也去翻。企鹅哥哥们去打弹子，她也去打。就这样，小美变得和企鹅哥哥们的性格差不多了。

小美的爸爸妈妈很担心小美会被别的企鹅看不起，说她不男不女的。所以，她爸爸妈妈帮她报了一个舞蹈训练班。经过一段时间的学习，小美变得比以前斯文了。

…………

11. 小美迷路了

小美在海边玩耍时，无意中发现了一只特别漂亮的彩色的鱼，小美就跳下海去追那条鱼。追啊！追啊！追了很长时间，彩色的鱼慢慢地沉到海里去了。

这时，天黑了，小美四处望去，到处都是一望无际的海水，小美想回家了，但她怎么也找不到回家的路。

小美急得哭着喊："爸爸，妈妈！你们在哪里呀？"小美在海里游呀！游呀！眼前看到的永远都是海水，一个人都没有，小美伤心极了。

天快亮时，小美已经筋疲力尽了，她想着："我是不是要死了？爸爸！妈妈！救救我！我不想死！！！"

这时，小美隐隐约约看见一座小岛，她勉强打起精神，向远处的小岛游去，游着，游着，小美就什么也不知道了。

…………

15. 手工课

今天，猪猪宝贝们要去上学了，第一节课是手工课。彩蝶猪猪、梦想猪猪和小荷猪猪在教室里聊天，小荷猪猪问："你们手工课都打算做什么？"彩蝶猪猪说："嗯……我想做一只蝴蝶，因为我最喜欢蝴蝶了！"

"我想做天使！"梦想猪猪大声说。

"那好！我就做荷花吧！"小荷猪猪说。

话音刚落，上课的铃声响了。

看云老师抱着一大堆工具，笑眯眯地走进了教室。老师说："今天这节手工课，是让你们做自己喜欢的东西，做得最好的同学，老师还会给他们发奖品呢！"

说完，老师把准备好的工具一一发给了同学们。有彩纸、小剪刀，等等，大家拿到工具后，都开始做了。

彩蝶猪猪先把蝴蝶的形状画在彩纸上，然后，沿边剪下来，又用小刀在上面刻了许多花纹。不一会儿，一只漂亮的蝴蝶就做好了。

梦想猪猪的天使和彩蝶猪猪的蝴蝶做法一样，也是先把天使妹妹画在纸上，然后再沿边剪下来，再用彩纸卷一根魔棒，粘在天使妹妹的手上，最后画上一对翅膀，小天使就做好了。

小荷猪猪的荷花，跟她们的做法可不一样，她是先做了很多片粉色的花瓣，然后把一片片花瓣重叠地粘在一起，再衬上绿色的彩纸，一朵精美的带荷叶的荷花就做好了。

三人做好后，都拿着自己的作品给看云老师看，看云老师非常喜欢这些手工，并问她们：“你们愿意把手工作品送给老师吗？”

“愿意！”三人异口同声地说。

三个猪猪宝贝一起把礼物送给了老师，老师为了感谢她们，给了她们一人一本绘本——《狼大叔的红焖鸡》。

17. 猪猪村的小客人

猪猪兰兰在海边拾贝壳，见到了一个奇怪的人——全身黑色，只有肚皮处才有一点白色。兰兰跑上前，看她一动不动，便使劲叫她。

只见那人慢慢地睁开眼睛，兰兰就问她：“嗨！你是谁呀？你叫什么名字？”

“我叫小美，我是一只企鹅，这是哪儿啊？”小美有气无力地说。

“哦！哦！我们这里是猪猪村，你没有听说过猪猪村吗？你就是传说中的企鹅村的人吧？”

“嗯！”小美小声回答。

“我带你去我家吧！你好像病了！”

"好。"小美点点头，她正好觉得有点饿了。

到了兰兰家，兰兰的妈妈看见家里来了个奇怪的陌生人，忙问："你是谁呀？叫什么名字？你家住哪儿啊？怎么会跑到这里？"

小美小声说："我叫小美，我住在遥远的企鹅村。我因为贪玩迷了路，游了好长时间才到了这儿。"小美说话时声音一直在抖。

兰兰妈说："孩子，别怕，我们都是好人。你一定又累又饿了，阿姨去给你做好吃的！"兰兰妈看着这个可怜的孩子，显得十分同情。

一会儿，饭菜上桌了，有红烧肉、炒青菜、饭汤……兰兰妈说："孩子，快吃吧！你一定饿急了！"

小美在一旁一直不动筷子，兰兰着急地直说："小美，这么可口的饭菜你怎么不吃呀？我都直流口水了！我们一起吃吧！"小美勉强地尝了一口。

兰兰妈见小美这样，问："孩子，是不是不好吃啊？"

小美吞吞吐吐地说："阿姨，我不喜欢……吃这些……东西，我们企……鹅都是吃鱼……虾的。"

兰兰妈听了后，赶忙从冰箱里拿出一条大鱼，给小美。小美狼吞虎咽地大口吃着鲜嫩的鱼，可开心啦！兰兰和妈妈看着小美这样，都笑了。

第二天，兰兰向全村人介绍了这个新朋友，全村的老老少少一起欢迎这位新成员的到来。就在这时，几声炮声响起，原来是布袋长老为了迎接贵宾放了一些礼花，大家一起叫道：“欢迎小美来猪猪村！欢迎小美来猪猪村！”

18. 两村合并

小美长时间住在猪猪村，她非常想念她的家乡企鹅村，非常想念她的爸爸和妈妈。小美就天天缠着兰兰的妈妈，叫兰兰妈妈带她去企鹅村，可兰兰妈妈的回答永远是：“这儿离企鹅村太远，我们又不会游泳，怎么去呢？”

有一天，小美又缠着兰兰妈妈带她去企鹅村时，电话铃响了，兰兰妈一接，没想到电话是从村委会打来的。原来，兰兰把小美想回家的事，告诉了村委会，村委会的布袋长老也已经找到了企鹅村的位置，并且想好了去企鹅村的办法。

兰兰妈妈马上告诉了小美这个喜讯，原来在两村之间要搭一座桥，这样两村的村民就可以见面了。

造桥的消息一传出，猪猪村的许多施工队都在做准备，但由于两村距离太远，而且海又深，架桥的计划一直没法完成。

直到有一天，天使梦想知道了猪猪村要架桥，但没法实现，她决定帮助猪猪村的人架桥。在天使梦想的帮助下，施工队用了整整三个月的时间，两个村子之间架起了一座好几万米长的桥。桥造好后，猪猪村的村民给桥起了一个好听的名字，叫“彩虹桥”。

通桥的第一天，兰兰一家带着企鹅小美，还有猪猪村的许多村民，一起驾着“笨笨”车，一路飞奔，来到了企鹅村。

小美终于见到了她的爸爸妈妈，她激动得都说不出话来。大家在一起拥抱着，哭着，笑着。小美还把猪猪村的村民一一介绍给企鹅村的村民，大家拥抱在一起庆祝两村合并。

傍晚，在彩虹桥上空，欢庆的焰火在空中飞舞，孩子们手中的气球在这时一起飞上了天空。天空中霎时五彩缤纷，大家在桥上一起喊着：“猪猪村和企鹅村合并啦！猪猪村和企鹅村合并啦！”

从此，企鹅村和猪猪村的村民们过上了幸福、和谐的美好生活……

2月25日 / 星期一 阴

一对同桌，两篇笔记

“你们班的小胡儿……”

“拜托，请把普通话说标准了。是我们班的小荷儿！”

“对对，是小荷儿啦。小小年纪，文字那样空灵、安静、细密，没有一点儿喧哗和躁动。流水一样，就那么朴素平和地写下来，读得大人的心也变得平和干净了。”

早自习，施淑静、罗亚倩、胡婧怡、黄云飞做读书汇报。

“我期末考试的语文成绩不是很好，很多应该掌握的东西都没能写出来。妈妈说这和我平时看书时走马观花、不求甚解有很大关系。寒假中，在妈妈的‘强制’下，我迫不得已和妈妈一起看起《中华典故》第一部。”纤巧文弱的孩子，安静清澈的声音。当胡婧怡一字一句念出如上内容的时候，教师感到了心疼。

想起浙大教授郑强说的：“都知道浙大分数线高。其实考分越高的孩子，受到的伤害越重。”郑教授的话也不全对。正确的说法应当是：“当分数成为唯一目标的时候，分数越高，孩子遭受的摧残就越严重。”

马斯洛以为：优秀的人往往各方面都优秀。每个班级都有一批轻轻松松就能取得优秀成绩的孩子。在小学，他们应当做的是充分运动、博览群书。如果盯住“第一”，把时间全部消耗在应试练习上，就是辜负天赋，虐待生命。如果学校如此引导学生，就是在戕害儿童。

一至三年级，胡婧怡一直是全区年级第一。这次“没有考好”其实是一件好事。

“每篇文章都要逐字逐句地读，遇到不认识的字一定要画下来，查清楚。”经由《中国典故》，胡婧怡学会的是“深入阅读”和“有意识学习”，这是每一个希望通过学习实现出类拔萃的人都必须具备的能力。利用寒假，着力培养孩子“深入阅读”和“有意识学习”的能力——这实在是明智之举。

然而，教师还是希望孩子不要因此丧失了走马观花、不求甚解的快乐。一则，不是所有的书都值得精读的；二则，我们读书，固然是为了求知识，也更是为了求快乐。阅读是一辈子的事情，而快乐是让我们成为终身读者的唯一可靠的动力。

再说黄云飞。慢悠悠，无论批评还是表扬他都笑嘻嘻。一年级的时候，黄云飞数学作业总是不能按时完成，班主任惩罚并斥问：“罚站有用吗？”

“没用。”黄云飞笑嘻嘻地说，“因为啊，有两个字一直困扰着我。”

“什么字？”

“忘记。”

从此教师不再为作业和黄云飞较真。因为他不是厌学，他只是喜欢按照自己内在的节奏——慢悠悠、自得其乐地学。对于这样的孩子，强求步调一致，就是伤害他的学习热情，打扰他的学习节奏，其结果只能是两败俱伤。

“我的梦想就是把没人要的土地和没有用处的房子变为空地，然后再买来树种……相信我，我是真的想种树呀！”

一样地令人动容，黄云飞的朗读却是激昂的。“生态价值”和“木材价值”的对比，更让教师浮想联翩，一叹再叹。

胡婧怡和黄云飞恰是一对同桌。

不同的收获

——读《中华典故》有感

胡婧怡

今天下午，我和妈妈齐心协力一起把《中华典故》的第一部看完了，我和妈妈都受益匪浅。

这本书和我以往看过的书有所不同。以前我看的书故事情节都比较有趣，我特别想看里面藏着的故事；而这本《中华典故》讲的是我们中华民族的发展史，一篇一篇的历史故事我不是很喜欢看，所以买回来的时候，也就是图个新奇，顺手翻了翻，之后也就好长时间摆在那儿“睡觉”了。

我期末考试的语文成绩不是很好，很多应该掌握的东西都没能写出来。妈妈说这和我平时看书时走马观花、不求甚解有很大关系。寒假中，在妈妈的“强制”下，我迫不得已和妈妈一起看起了《中华典故》第一部。每篇文章都要逐字逐句地读，遇到不认识的字一定画下来，查清楚。

不看不知道，一看真奇妙。天天坚持看这本书，慢慢地我竟然喜欢上了这本书。每天晚上，总是我积极地拿起这本书，读给妈妈和自己听；每天早上，我们也要拿起这本书，互相提问以前和昨晚所读过的内容，答不出来就要被罚：再读一遍那篇文章，呵呵！

《中华典故》一共分四部，讲的是从史前到清朝历代所发生的故事，第一部只写到了西汉。我注意到，基本上每一个国家的灭亡，都和它昏庸无道、只顾吃喝玩乐的国君有关，像《夏桀拒纳忠言》《商纣王众叛亲离》《周幽王烽火戏诸侯》……特别是《商纣王众叛亲离》，纣王用“炮烙之法”来折磨那些敢议论他是非的人。所谓炮烙之法就是把青铜制成空心铜柱，中间燃以木炭，将铜柱烧红，把人绑在铜柱上，活活烙死。你说残忍不残忍？我说它亡国是活该！而一个贤明的君主，会使他的国家越来越强大，老百姓安居乐业。

你想知道我们中华民族为何自称为炎黄子孙吗？你想知道中国历史上第一个王朝吗？你了解中国最古老的文字——甲骨文吗？你知道“春秋五霸”和“战国七雄”吗？是谁兼并了六国，结束了战国割据的局面，统一了天下？如果你也能仔仔细细地读一遍《中华典故》，答案就不用我来告诉你啦，相信你会和我一样有不小的收获。

妈妈告诉我：“书就像菜，不尝也不知道它的味道是好是坏。凡事都要尝一尝，每本书也要看看，它会带给我们不同的知识。”妈妈说得还真有道理哩！

读《假如地球没有森林》有感

黄云飞

“假如地球没有森林，地球就会水土流失；如果地球没有森林，人类将会灭绝。”

森林是制造氧气的地方，是人类生活的根本，可还是有一些人乱砍滥伐，损人不利己。

一亩森林的作用很大，能一天排放出48千克的氧气，也相当于一架天然吸尘器和杀菌器。

大家想知道一棵树的生态价值吗？我说出来你们肯定会大吃一惊！一棵树一年可以生产24万元的氧气、10万元的蛋白质，具有28万元的防护功能、24万元的动物栖息价值和20万元的生态价值……这是多么大的一个数字啊！可一棵生长五十年的树木的木材价值只有2 400元，你觉得选择哪一个更值得呢？如果选择砍伐，那就大错特错了。

我的梦想就是把没人要的土地和没有用处的房子变为空地，然后再买来树种，每天都有人看管，然后，所有的树木都会长大，制造的氧气也就很多了。现在合肥正在进行大建设，我非常担心绿化会受到破坏，可是我没有任何权力让大家都种树。如果我是国家领导人，我会要求每个人都要种一棵树。有一半种可以生产粮食的树木，另一半种其他的树。

相信我，我是真的想种树呀！

2月26日 / 星期二 晴

因为是在教室，一切便不同了

文章内容围绕“第一朵杏花究竟什么时候开放”展开，表现了竺可桢治学严谨、观察精确的科学精神，同时也教育小学生——“观察事物不能粗心大意！”——孩子们一读就知道。

“如果要用‘△’标出值得摘录或者背诵的重点段落，你们以为该标哪一段？”

“最后一段！”

“为什么？”

“这段有教育意义。”“观察一定要仔细。”“研究科学一定要精确。”“我们要向竺爷爷学习。”

末一段标过读过。教师问：“值得学习的仅仅是竺爷爷吗？”

“还有那个孩子。都一年了，他还记得竺爷爷的话。”“竺爷爷只教育了一次，那个孩子就改正了粗心大意的毛病。”

“那个孩子”的可爱何止于此啊！当我们启动想象，循着人之常情用心品味，就会从这篇看起来主题单一、稀松平常的小文里发现许多有趣的问题。以下问题，有教师提出的，也有学生提出的。而答案全部都是读出来、“嚼”出来的。

1. 头一年，竺可桢爷爷知不知道第一朵杏花是哪天开放的？

不知道。当他从外面回来（应当是外出归来），看到杏花已经不同程度开放了四朵。

2. 头年，竺可桢爷爷向孩子发问，是有心教育孩子吗？

不是。第一，他真的不知道，也真的想知道杏花是哪天开放的。第二，这是他的习惯，每一种花朵，他都想知道第一朵开放的精确时间。

3. “我有用处，明年你可要留心点。”竺可桢这话是随口一说呢，还是真的指望孩子告知次年杏花初放的时间？

随口一说。应当是说过就忘，完全没有放在心上。他不可能也不应当把观察的任务交给孩子。“数了数”“爷爷，您又看花啦？”和后面的“笔记本”说明竺可桢一生保持着亲自观察、仔细观察、连续观察的好习惯。

4. “竺爷爷顷刻间像年轻了几十岁，立即兴冲冲地快步走到前院。”他为什么这么高兴？

第一，没有想到孩子居然记得自己去年随口说的话，既惊喜又欣慰。第二，“什么时候？”“刚才。”“是第一朵吗？”“是。”

孩子是在杏花开放的第一时间通知他的，其精确程度，远远高于去年所问的“哪一天”。

5. 想象一下，孩子是如何做到在“第一时间”把第一朵杏花开放的消息告知竺爷爷的？

春天一到，孩子就开始守望杏树、等待花开。仰着小脸，盼啊，等啊，等到树头结出了第一个花蕾，等到花蕾完全打开。“阳光下的杏树，捧出了第一朵盛开的杏花。”——就在那一瞬，孩子欢呼着，奔跑着，赶去告知竺爷爷。孩子怎能不激动呢？随着孩子的呼唤来到前院，看见第一朵杏花的竺爷爷——他怎么能不兴奋呢？（议到这里，分角色朗读自然热气腾腾。“兴冲冲”的感觉也自然溢于童声。）

6. 比较两处描写杏花的文字，体味不同，并尝试分析原因。

“头年杏花”是写实的、“科学”的。其间也有春之喜悦，却如杏花粉红的颜色，是“淡淡的”。在第一段，我们读到看到的，是科学家眼中的作为研究对象的杏花。“这是一个阳光明媚的中午，院墙旁的一株杏树泛出一片淡淡的粉红。竺可桢爷爷从外面回来，看到杏花开了，便走近杏树数了数，已经有四朵花不同程度地绽开了花瓣儿。”

“次年杏花”，简短而饱满。紧接在“竺爷爷顷刻间像年轻了几十岁，立即兴冲冲地快步走到前院”之后——“阳光下的杏树，捧出了第一朵盛开的杏花。多么美丽的杏花呀！”随感叹号涌出的，是满溢着的灿烂与喜悦。在春天明媚的阳光下，在一老一幼凝视的目光中，灼灼摇曳树头的，是新春第一杏，也是童心特有的烂漫、璀璨与灵动。就在这一瞬，老科学家的心也变得青葱、诗意了。一切景语，皆是情语——这是童心对老人的滋润。

心与心之间的影响，真如同化学反应。富有生命意义的教育和感染，从来都是双向的、不知不觉的。

备课的时候——在办公室里，一点也不觉得《第一朵杏花》有什么味道和讲头。可是，因为是在教室，一切便不同了。

附课文：

第一朵杏花

这是一个阳光明媚的中午，院墙旁的一株杏树泛出一片淡淡的粉红。竺可桢爷爷从外面回来，看到杏花开了，便走近杏树数了数，已经有四朵花不同程度地绽开了花瓣儿。这时，杏树的主人正领着她的孩子走过来。

“爷爷，您又看花啦？”那孩子仰起脸来天真地问。

“是啊，杏花开了。”说着，竺爷爷弯下腰来，习惯地问，“你知道杏花是哪天开放的吗？”

“哪天？今天开的。”孩子有些奇怪。

“我是问第一朵杏花是哪天开的。”竺爷爷补充了一句。孩子回答不上来了，可是他不明白为什么要知道第一朵杏花开放的时间。竺爷爷告诉他：“我有用处，明年你可要留心点。”

时间像飞箭，转眼又是一年。春风吹绿了柳梢，吹青了小草，吹皱了河水，吹鼓了杏树的花苞。

这一天，竺爷爷正在房间里看书，忽然听见窗外一个小孩子的声音：“竺爷爷！竺爷爷！”

是谁喊得这么急？他赶忙走出书房，一看，就是前院的那个孩子。

“什么事情啊？”

“竺爷爷，杏花开啦！”

“什么时候？”

“刚才。”

“是第一朵吗？”

“是。”

竺爷爷顷刻间像年轻了几十岁，立即兴冲冲地快步走到前院。阳光下的杏树，捧出了第一朵盛开的杏花。多么美丽的杏花呀！竺爷爷走回书房，打开笔记本，郑重地记下了这个日子：清明节。

竺可桢爷爷曾不止一次地说过：“我需要的是精确的时间，搞科学研究，不能使用‘大概’‘也许’这类字眼，也不能用估计和推断代替观察。”竺爷爷正是通过常年的精确观察，才掌握了气候变化的规律。

3月 March

语言的纪律

3月3日 / 星期一 晴

难言的感动不会白白氤氲心头

汉斯·比尔，又是汉斯·比尔。今天读汉斯·比尔的《小棕熊的梦》。

大约因为自己睡眠不好，十多年来，白天黑夜常常苦于失眠的煎熬吧，“一心安处，即是吾家”，每一本关于甜睡的绘本，每一个关于香梦的故事都让我既喜欢又难过。

一定因为自己就是母亲的缘故，每次开卷，都不能克制地伸手去摸。在爱中，手指比眼睛更能看，比鼻子更能嗅。于是，温软馨香的感觉有如婴儿的手指抚过我倦涩的眼睛、蒙尘的心灵。恍惚间，我嗅到了婴儿金戈特有的气息与味道。

秋去冬来，一只名叫小奔的小棕熊坐在洞口，想到即将来临的漫长冬季，突然感到伤感，感到孤独。他不喜欢冬天，尤其不喜欢一个人在洞里独自过冬。这时候，燕子建议它去南方，那里有阳光、棕榈树、大海和沙滩。于是，当别的棕熊都躲藏在温暖的洞穴里开始冬眠的时候，小奔却走出挖了一半的洞穴和冬天的森林，开始了自己的南方之旅……

故事太简单了，故事一点也不新奇。如果录下全部的文字告诉你这就是《小棕熊的梦》，并且期待你如我一样地喜欢《小棕熊的梦》，那无异于期待一场没有肌肤之亲的情爱。是的，对于《小棕熊的梦》来说——对于汉斯·比尔所有的作品来说，画面是血肉也是灵魂。部分大于整体，画面就是一切。在我看来，本书的文字竟或是可以完全取消的。那样，它就更干净、更醇美、更丰富、更梦幻。

两份复印件上周就交给了王方波、张悦媛，朗读是他俩的任务，我只带孩子看图。很多遍了，没有一次能够耐心读完文字——因我没有一次能够将目光从画面上移开。文字无力传达画面的好处。除了文字一无所有的我，却只能在这里笨拙地敲击键盘，敲出我所读到的图画：

树叶飘零。小奔独坐洞边，仰望大树，孩子的惆怅弥漫了整个森林，悲伤了每颗母亲的心。

请求遭拒。小奔爬到车顶上使劲蹦跳，震得睡鼠晕头转向。睡鼠只好答应这个既蛮勇又可怜的孩子上车“睡一个晚上”。

修理汽车。小奔几乎将整个身体都埋进后厢，隆然撅起的肉嘟嘟的大屁股和几乎悬空的厚实实的棕熊掌，显示出小奔的执着与信心。他睡着了吗？不，他一直在路上！因为有梦，所以在梦中到达。坚持信念，信念就会成为现实。

汽车飞奔。乘客不断增加：犀牛、獾、狐狸、鸟、野兔、长颈鹿……最帅的是那条绕在长颈鹿脖子上的细长的绿蛇，它吐出细小的信子，伸直向往的头颈，遥望前方，好像一面渴望的小旗。

起初，驾驶室里的小奔和三只睡鼠离得好远。小奔生怕压到胆小刻薄且有洁癖的睡鼠，睡鼠生怕碰到脏兮兮湿漉漉的小奔。然而小奔的进入，却使驾驶室里连同睡鼠的睡眠都变得踏实温暖。于是，当春天来临，当神奇的南方之旅结束，海滩上的小奔热得受不了了！小奔醒来才知，三只睡鼠很舒服很香甜地蜷在自己宽阔厚实的胸脯上，已经不知“呼”了多长时间。

这是未经思虑地完全地放松和交付。身体的疏远就是情感的疏远，睡中的亲近是更真的亲近。身体是原初的大脑，感觉是思虑的终端。所谓顿悟，从来都是感觉先于思虑到达的。就感情而言，相比于皮肤、肠胃的感觉，思虑何其虚妄肤浅！

如果仅是文字，故事绝不会在我的心中激起波澜。可这是绘本：温馨，甜蜜，纯净，隽永，同时又有着莫名的惆怅与哀绝。有情皆孽，无美不殇啊——于是生发出许多问题，问过小安，再问学生。括号里是小安不假思索的回答，唯其不假思索，才真实有趣。

1. 小奔的两个愿望实现了没有？（都实现了！既找到了朋友一起过冬，又去了南方。）

2. 梦境是空的吗？梦重要不重要？（当然不是空的！当然很重要！生活的本质就是体验，梦也是一种体验，怎么能说是空的呢？好日子才有好梦，好人才有好梦。所以你不是好人！）

3. 告别的时候小奔和三只睡鼠那样依依不舍，像是真正的好朋友。然而在清醒的情况下，他们完全没有感情交流，小奔和三只睡鼠之间的友爱来自哪里？（在睡眠中，它们无意识的心灵互相感知了对方的可信与可爱。共同睡过一冬的交情，比什么都珍贵、实在。那是长进肉里的交情！）

4. 一起睡觉和一起做事相比，哪一种情况下，人与人的关系更亲？（当然是一起睡觉！白天可以靠意志彼此克制一起共事的两个人，到了夜里，是无论如何也不能靠意志相偎相拥地睡在一起的。讨厌一个人，为了某种目的，你可以说奉承的话，但是千万不能和他睡觉，因为梦里你没准会骂他！）

5. 睡鼠感应到小奔的梦了吗？睡鼠可能梦见了什么？（感应到了。猜梦一点都没有意思！但有一条是可以肯定的，睡鼠的梦一定因为小奔变得更加踏实香甜。）

6. 如果睡鼠以后也梦到或者来到海边，是否会有似曾到过的感觉呢？（我想会吧。我希望会！谁知道呢！）

这些问题都是看云的真实困惑。虽然自有答案，但我还是想听听别人的意见。音乐、舞蹈、绘画都是未完成的艺术——当你读出困惑的时候，就是在参与艺术的创作，丰富绘本的意义。

孩子们呢？乱纷纷各抒己见！这让我大喜过望。原以为这些问题太过深奥和迷离，会令教室冷场的，没想到他们却吵成一锅粥。即便过于深奥迷离，姑妄问之——就当游戏和探险啦——那也是极浪漫、极有趣的。

如果教师自己不曾感动，没有感觉，如何才可以引动学生的感动和感觉？难言的感动不会白白氤氲心头，即便一言不发，“你我同在”的静默中，感动也自能传播流动——就像睡中的小奔用他“道成肉身”的憨实与召唤吸引了睡中的睡鼠。

以感动引发感动，从而灵敏、开阔、柔软了孩子的心灵，这是我期待的。至于明白了什么道理，受到了什么启发，实在是无可无不可的副产品啊。

3月5日 / 星期三 晴

鸡蛋累了

一个人握住一个鸡蛋使劲地捏，无论怎样用力也不能把它捏碎。薄薄的鸡蛋壳之所以能承受这么大的压力，是因为它能够把受到的压力均匀地分散到蛋壳的各个部分。建筑师根据这种“薄壳结构”特点，设计出许多既轻便又省料的建筑物。人民大会堂、北京火车站以及其他很多著名的建筑，都是这种“薄壳结构”的屋顶。

《人类的“老师”》是一篇介绍仿生学的科普小品。教学结束了，教师拿出一物：“这是一颗鸡蛋。我家冰箱里的最小的鸡蛋。”

“哇！真是鸡蛋耶！”“好小、好可爱的鸡蛋哦！”教室里起了一阵欢呼声。一样的情形，前天也有过。前天上《苹果里的五角星》，教师冷不丁掏出一个苹果：“看看！看看它老人家的脸。面干皮皱！愁容密布！多么像一位饱经风霜的老奶奶！”然后当堂演示横切苹果。

其实，横切苹果得到五角星也好，捏鸡蛋体验“薄壳结构”也好，都可以让孩子回家自己做——即便不做，经了阅读讲解，也是完全能够理解意思并懂得道理的。所以要在教室里演示，一是为了帮助孩子加深理解和记忆课文内容，二是为了让学习多一些趣味。苹果、鸡蛋，生活中最平常不过的东西。可当它们出现在课堂，当它们从柴米油盐的生活场所进入听说读写的教学空间，最熟悉、最平常的东西就因环境的改变而陌生化——而变得新奇和令人兴奋了。三呢，就是期待这份新奇与兴奋能够多多少少诱发孩子对于科学的兴趣。

个人以为，对于儿童来说，由“亲近母语”到“亲近科学”，这是一条贴近儿童、贴近生命的亲切、温暖的道路。儿童的大脑不是容器，生命当是等待点燃的火炬。对于教育来说，比起灌进多少知识，更重要的是孩子是否因为我们的努力拥有对于科学的热爱和欢喜之心。所以，至少在小学，科学教材也好，语文教材里的科普小品也好，应当多一些简单易做的小实验。这是引导孩子热爱科学、亲近科学的捷径。

金戈读小学的时候，偶然得到一本《生活中的科学小实验》，这令看云如获至宝。于是利用暑假带着金戈做“烧不着的纸”“冲不走的乒乓球”之类的小实验，儿子暑假日记里于是有了几篇实验报告。

昨晚，请先生捏这颗鸡蛋，先生不肯。“别拿我当你们班小朋友逗了，肯定捏不碎的！这个游戏小时候玩过，道理很简单。因为鸡蛋是椭圆形的，所以……”看云悻悻然，觉得这家伙一点情趣都没有。

“为什么非叫我捏呢？要捏你自己捏！”先生反戈一击。

“我怕！”看云理直气壮，“道理我懂，可我就是觉得它是经不住捏的。我下不去手，使不出劲。倒不是舍不得一颗鸡蛋，我害怕鸡蛋在我手里活活碎掉的瞬间的感觉。有暴力倾向的人才喜欢那种感觉呢，他们还喜欢把气球一个接一个地吹炸，把玻璃一块一块地敲碎。”

“你最好把鸡蛋用塑料袋包起来。万一碎了，不至于蛋黄、蛋清飞得到处都是。”先生建议道。

“应当不会吧？可是谁知道呢？”

回到课堂。“你们说，这个鸡蛋能不能捏碎？”

“不能！”山呼海啸一声吼。

“谁来捏？”

“我！”山呼海啸又一吼。

“都把手放下！自己度量一下，上课积极发言的同学请举手！”这一回，举起的手臂少了很多。看到那些恨恨不已的小脸，教师感受到了“报复”的快乐。

项文静、朱翔宇、李欣会、邢虎威、唐雅馨、高陈……从右到左，包裹在塑料袋里的小小鸡蛋一次一次经受着孩子咬牙切齿的狠捏。“加油！”“使劲！”的呐喊响成一片，“我也想捏啊”的渴望响成一片。因为用力过猛，郭乐一下子跌坐到椅子上，而鸡蛋却安然无恙。每次看见发力的孩子使劲到了面红耳赤，教师一颗心都提到了嗓子眼儿——渐渐地，心又放下了一些。

热闹间，鸡蛋传到了全班力气最大、个头最高的李自成手里。“嗨！”男孩运足了气力，大吼一声——教师和同学都笑了：“肯定不碎……”话音未落，“噗！”一股黏稠的液体从没有扎紧的塑料袋口飞出来，飞得满桌都是，飞到了我的羊绒外套上。

掌声，叫声，喝彩声，教室沸腾了！

“为什么鸡蛋碎了？”人声鼎沸中，教师的声音像风浪中飘摇挣扎的小船，可是他们居然能够抢着作答：“鸡蛋太小了！”“小蛋壳太薄了！”“李自成的劲太大了！”“鸡蛋累了！”“一下子那么多人捏，它终于受不住了！”

“老师！老师！老师啊——”李自成从最后一排发出的声音就像汪洋中的求救信号。

“静一静！静一静！我们还是听听大力士的回答吧，他最有发言权！”

安静中，李自成比比画画地说：“那一刻我感觉到它要碎了，我想收住劲，可是已经收不住了，它就碎了。”

“鸡蛋碎了。你们相不相信‘薄壳结构’的原理？”

“相信！”感觉中，这种相信是比鸡蛋不碎还要坚决的相信！

是啊，鸡蛋累了，鸡蛋碎了——可实验成功了！

3 月 10 日 / 星期一 晴

温柔的冲突

早自习，四名同学依次做读书汇报。

继施俊瑞、郭乐之后，马建上台了。

“《我的礼物》！”大声读出的标题，令同学面面相觑。接着又闻：“今天，是三八妇女节，老师布置作业，让我们给妈妈送一份能给妈妈带来惊喜的礼物。我送什么好呢？想到自己一贯作业拖拉给妈妈带来的痛苦，我有主意了！”

“呵呵！”下面起了会意的轻笑。笑过之后，教室迅速恢复了安静，安静里洋溢着兴致。是的，3 月 8 日全班都做了同样性质的作业，全班都写了同样主题的日记。这是教师统一布置的特殊作业。比起读后感，孩子们似乎更想听听马建给妈妈送了什么礼物。也许，他们会在心里暗暗比较呢。

顺水推舟，教师一言不发地和大家一起洗耳恭听。

“……这不过是一份工整的、按时完成的作业啊！看着妈妈欣喜若狂的样子，我暗暗下定决心：一定改掉作业拖拉、不认真的毛病，用成绩给妈妈带来快乐。妈妈，祝您节日快乐！妈妈，您就看我的行动吧！”

掌声，掌声中有赞许也有鼓励。马建此文写得朴实无华，读得流畅动情。看样子，为了登台，为了当众表达洗心革面的决心，马建练过很多次。没准儿，他焦虑的母亲也做了陪练——一次又一次，满含期待地倾听儿子的决心呢。有哪个班主任不被班上的“拖拉大王”伤透脑筋呢？马建的日记，何止是送给妈妈一人的礼物？感到欣慰的，又何止是马建妈妈一人？

“马建，为你的作业，老师不知道发了多少火，你妈不知流了多少泪！老师相信你说的是真心话，希望你能把这些话都落实到行动上。这样才不辜负今天的一番表白，这样才不辜负妈妈的惊喜、同学的掌声。”

该李欣会了。“《三份礼物》，”她念完标题，略顿一顿，“今天是三八妇女节，为了给妈妈送一份特殊的礼物，昨天我就开始动脑筋了。”

“呵呵！”这一回，同学、教师，还有台上的女孩都笑了。又来了，这简直是明目张胆的挑战！笑声中，李欣会将她细长的眼睛从日记本上抬起，甜甜地看着老师，似乎在说：“老师，我知道这不是读书笔记，可我就是想读这一篇！”

教师也笑了，什么都没有说。于是李欣会继续朗读。于是教师庆幸自己和同学们听到：三八妇女节这天，李欣会在清晨、中午和晚上分别给妈妈送了三份礼物：手工绢花、都是满分的数学和英语测试卷、一封感恩的信。

“三份礼物！亏你想得出！难怪你一定要读呢，真是太应该读了！三八妇女节那天，你的妈妈一定是世上最快乐的妈妈！”

“违规操作”、明知故犯，这样的“错误”在学习一强一弱的两个学生身上同时发生——真是有趣的事情。“同时发生”，说明打破陈规的欲望，已在班上涌动一些日子了。都读“送礼”，也许是孩子所能想到的两全之策：这样既表达了自由选择的愿望，又表达了尊重教师的诚意。毕竟，“送礼”也是教师布置的作业。

班级是以教室为基地的成长共同体，为实现协同高效的共同成长，秩序、节奏、指导、规矩是必不可少的，然而教师也要倾听学生的诉求，并做出灵敏反应：该矫正的矫正，该依从的依从。一切服务于学生发展的需要。

限制与自由，是存在于教室里的两种同样重要的力量，犹如车的双轮、鸟的两翼，是两者之间的协调与平衡，实现了班级的稳定成长。在前进的道路上，教师的意图和学生的心愿之间会发生冲突——这不仅是不可避免的，也是必需的。冲突是生机和活力的证明。冲突使得禁锢得以打破，发展成为可能。

有可能，就从这周起，“读书汇报”将变得名不副实。然而，你怎能说那些“自己喜欢的日记”，完全和读书没有关系呢？

然而，“读书汇报”的名目是一定要保留的。形式和名号是实质和内容得以存在的保证。如果哪一次，四篇日记居然一篇读书笔记都没有，那我就要提意见了。

3月13日 / 星期四 晴

水云·湖月

随身听、MP3，教师两室一厅的家里每个房间都有音响。不懂音乐却爱听——“教室里的音乐”的好处，不过是教师为一己之好所做的辩护。

电视看得较多的是“音乐节目”“音乐故事”“立体声”“动物世界”“人与自然”——后两者之所以吸引我，音乐是重要原因。

评价电影，人们总爱说“好看”“不好看”，其实，对电影来说，听比看更重要。相比于台词，音乐更不可或缺。要不，卓别林和阮玲玉时代的默片为什么可以没有对话却不能没有音乐？

《辛德勒名单》《泰坦尼克号》《指环王》《追捕》《红河谷》……提到或者想起这些电影，首先是记忆的耳朵听见音乐，然后才是记忆的眼睛看见画面。没有音乐的电影是不能想象的，然而，音乐却可以挣脱情节与画面的重力，飘然独行，荡动人心。

当然不能说离开音乐，语文就机械、逼仄、破碎了。然而有了音乐，语文必更加灵动、开阔、柔软、圆融。也许将来，孩子们忆起今日此际，会忘了教学，而只想起窗外明媚的春光、耳边舒缓的雅乐。至于教师，但愿他们更加忘记！如果那样，便是看云的福气，因为那就意味着，在孩子的记忆中，这个五音不全的教师，已与音乐合而为一。

每当听到孩子唱《老鼠爱大米》《两只蝴蝶》《月亮之上》《嘻唰唰》……教师就感觉特别扭曲和痛苦。牙痛的时候必然头晕，赏心的时候必然悦目。在根部，人的各种生理感觉和精神体验是相通的，所以杜甫说“钟声云外湿”，所以朱自清嗅着缕缕荷香，却仿佛听到远处高楼上渺茫的歌声。我们在幼时所触所染的一切，都将内化到生命的深处，成为永难改变的根性。一个从小只听见、只吸收音乐垃圾的孩子，如何可以期待他拥有高雅的品位，从而能够欣赏伟大的诗歌、小说、舞蹈、绘画、电影、雕塑？

今天带进教室并在作业时间播放的是《潇湘水云》《平湖秋月》，都是宜做背景音乐的曲子。《潇湘水云》空寂、沉静，琴音若有若无，好像是从空气、从心境中自然泛起的似有还无的清漪。这正是作业之始所需的情境。当作业陆续完成，教师次第检查：有人窃窃私语，有人舒活筋骨，有人东张西望，也有人自由阅读的时候，《平湖秋月》悠然而起。

桨声、灯影、月华、湖波，一派温暖和悠扬——然而绝不喧哗躁动。

照例将曲名工工整整地写在黑板上：《潇湘水云》《平湖秋月》。听见孩子轻轻念，教师觉得快乐。什么都不为，就因为那八个字听起来好舒服。

母语是什么？母语首先是声音。语感是什么？语感就是对文字声音的敏感。容易死的都是好花啊。语感，是一种娇嫩而高贵的禀赋，错过了童年，再要培养就很难了。

玫瑰也是《书屋》的忠实读者。正在饱读的《书屋》就是玫瑰寄来的——2003 年至 2007 年的所有期刊。真正的好杂志，比如《书屋》，是耐得陈久回味，专门挑战所谓时鲜感、时效性的。

> 记得有一次，我和老伴游无锡，在太湖边忽然看到一副小联，道是："青山不墨千年画，流水无弦万古琴。"那抑扬顿挫的韵律，轻巧委婉的情致，深邃的文字功力，诗情画意的感染，不由得让我们手拉手地激动得泪水夺眶而出，不能自已。（毕可生《流水无弦》，载《书屋》2005 年第 3 期）

读到此处，看云呆住了。为小联，更为楹前的那对老夫妻。青山不墨千年画啊，流水无弦万古琴啊。“手拉手地激动得泪水夺眶而出，不能自已。”天哪，那是怎样的幸福！似有流泪的冲动——然而终于没有，因为感动的只是我一人。

哥伦比亚大学的“大书”课堂上，教授告诉学生，《神曲》是一部甜柔的世俗诗歌，举座愕然。于是教授请一位意大利男生用大家都不懂得的意大利语朗读《神曲》——就读“但丁游历地狱”。一段甜蜜柔和的听觉享受之后，学生都信了。《神曲》果然是甜柔的！

《三国演义》有祢衡击鼓举座皆泣的文字，看云将信将疑。前几日在电视里看哈尼族小伙子虾嘎的《鼓舞》。虾嘎是鼓手也是舞者，场上只有他一人的鼓声，台上只有他击鼓的舞姿，当我在虾嘎的鼓声舞姿中潸然、粲然，时而沸腾时而凝结的时候——我信了。

巴别塔是可以建成的，音乐是人类共同的语言。

乐感是语言文字的最高境界，乐感是超乎言表的深层语言。当言说富有乐感时，沟通将变得更为丰富、精准、细腻、微妙。

3月17日 / 星期一 晴

第三件事，第三代人

一、“那就是花婆婆”

和书同时带进教室的，还有两块小黑板。一块写着书名、作者（文·图 / [美] 芭芭拉·库尼，译者 / 方素珍）。一块写着人物及关系：“花婆婆的爷爷—花婆婆—讲述人艾莉丝”。

板书念过、讲过。封面仔细看过。“我知道！那就是花婆婆。”“房子是她的家。”“花婆婆住在海边。”“那真是个美丽的地方。”“花婆婆的生活一定很幸福吧！”他们七嘴八舌地猜测。

朗读开始了，高陈读前半部分，晏楚芸读后半部分。教师悠然地、一页页地展示画面。今天的朗读效果很好，一是因为两个孩子声音响亮；二是因为大家事先知晓了人物关系；三呢，这次的轮读不是一页对一页，而是一半接一半。大家的听觉频道不必在两个声音中间调来调去，感觉挺舒服。

二、“为什么是第三件事？”

问题不断推出，讨论不断深入。

1. 花婆婆为什么叫“花婆婆”？

到处播撒鲁冰花花种，让她居住的海边成为鲜花盛开的地方。

2. 书中有两个相似的场景令人难忘，是哪里？

学生答过，高陈、晏楚芸分别再读第 3 页和第 13 页。

晚上，艾莉丝常常坐在爷爷的大腿上，听他说一些很远的地方发生的事情。

每次爷爷说完了故事，艾莉丝就接着说：“爷爷，我长大以后，要像你一样去很远的地方旅行。当我老了，也要像你一样住在海边。”

“很好，”爷爷笑着说，“但是，你一定要记得第三件事”。

“什么事？”艾莉丝问。

“做一件让世界变得更美丽的事。”

“好哇！”艾莉丝答应得又快又大声。

我常常和朋友站在篱笆外面，好奇地看她种花。朋友们都认为她是世界上最老的一位老婆婆，她偶尔会邀请我们进屋子里，听她说故事。

她常说一些很远的地方所发生的故事。有一次，我告诉她："等我长大后，要像你一样去很远的地方旅行。当我老了，也要像你一样住在海边。"

"很好，"花婆婆摸摸我的头说，"但是小艾莉丝，你一定要记得做第三件事。"

"什么事？"

"做一件让世界变得更美丽的事情。"

"好哇！"我答应得又快又大声。

3. 除此之外，还有哪一页让你难忘？

学生几乎异口同声地抢答，让教师有欣逢知音的快慰，于是教师朗读第 6 页。

卢菲丝到处去旅行，她爬过高高的雪山，走过沙漠，穿过热带丛林；她还看到正在游戏的狮子、跳跃的袋鼠。每经过一个地方，她都结交了一些难忘的好朋友。

4. 花婆婆的爷爷和花婆婆，他们的一生有哪些相似的地方？可以用哪些词语概括？

到过很多地方，老了住在海边，用行动让世界变得更美。

幸福，自由，充实，令人羡慕。

5. 花婆婆的爷爷做了什么事情让世界更美？

他是一位艺术家，他雕刻、绘画。他还告诉孙女“你一定要记得第三件事”。花婆婆种花，就是为了实现诺言。花婆婆叮嘱小艾莉丝“你一定要记得第三件事”，也是受了爷爷的影响。

6. “做一件让世界变得更美丽的事。”为什么这是第三件事？

原因一，爷爷是在孙女表达了两个心愿以后，接着叮嘱孙女的，自然是第三件；原因二，花婆婆的爷爷和花婆婆年轻的时候都周游过世界，饱览了世界的美好，结交了很多的朋友，晚年都住在海边。他们度过幸福的一生，发自内心地感激世界、热爱世界，所以他们自然想为这个世界做贡献。

三、“为什么是第三代人？”

又一块小黑板。学生一看就笑了，大声念：“小艾莉丝—小艾莉丝的母亲—小艾莉丝的姨婆（花婆婆）—小艾莉丝的曾外祖父—小艾莉丝的曾曾外祖父（花婆婆的爷爷）。”

“呵呵，曾曾外祖父啊！这家人寿命可真长！我只见过我的老爷爷，也就是曾祖父！”李旭冉大声赞叹道。

"是曾曾外祖父给花婆婆讲故事，又不是曾曾外祖父给小艾莉丝讲故事！""给小艾莉丝讲故事的是花婆婆，老艾莉丝！""给老艾莉丝讲故事的，是老艾莉丝自己的爷爷！"一片嘲笑蜂拥而起。

"从头到尾，故事涉及了几代人？"

"五代人。"

"从曾曾外祖父到花婆婆是第几代？"

"第三代。"

"从花婆婆到小艾莉丝是第几代？"

"第三代。"

"为什么跨越的年代这么久？为什么都是第三代？"

"一代接着一代，人慢慢长大，世界慢慢变化。""世界变得美好，需要一代接一代人的努力。"在教师的启发下，学生能够说到这样就不错啦。

为什么是第三代？这可不是作家灵感闪现的偶然结果。

天地洪荒，当狩猎能力增长，食物略有盈余，行止不必全体一致的时候，由食物、火堆、老人、孩子、妇女组成的基地出现了。基地的出现是人类进化史上的一件大事。第一，基地使得狩猎者行动范围扩大，运动更加便捷，收获更为丰盛；第二，基地使孩子得到了母亲更好的照料；第三，基地使得老人对儿童的讲述成为可能。篝火温暖地燃烧，祖孙亲密地偎依——讲述开始了。人类最初的回顾与向往，人类最初的梦想与神话，都始于此。

从此，教育获得了间接学习的高级形式；从此，故事牵引着人类的足迹，也牵引着人类的灵魂。而这一切，全部开始于祖孙相对时刻的讲述与聆听。因为老人在讲述亲眼所见、亲身经历的同时，也必讲述深心所想、真心所愿。唯有步入晚年的老人，才能够将一生演绎为故事；也唯有心无挂碍的儿童，才能够全身心地沉浸于故事——从而萌发“我要这样”“我想那样”的渴望。

就像花婆婆最终实现了诺言。只要坚守信念，梦想到达的地方，足迹终将到达。当第一批听故事的孩子长大，作为新的猎手和开拓者踏上征程，他们的未来必和父母不一样了。因为他们的心里装着故事，装着梦。

归根到底，花婆婆的故事发轫于爷爷膝上的讲述。归根到底，《花婆婆》讲述的，是讲述的根源与魅力。如果我们相信这个故事还将继续，那只是因为，这样的讲述还将继续。

四、“为什么是第三件事？为什么是第三代人？”

第三件事，第三代人。如此自然而然，如此从容悠远，如此娓娓道来，如此不紧不慢——只是为了提醒太过焦躁的我们：不要急，从容些，慢慢来。孩子们说得对：人是一点点长大的，世界一点点变化。教育是慢的艺术。成长的魅力，全在一个“慢”字。如果突变随时发生，如果世界成了化学实验场，如果发展成了魔术表演赛，人生还有什么意味？

所以，我们且享受这个好故事。所以，我们且品味花婆婆的味道——小小的个子，微仰的头颅，挺拔的腰身，高洁的气质，还有那似乎总是看着高远处的清雅脱俗的目光。这会带给我们很多启示。

3月20日 / 星期四 晴

关于《拖沓的孩子》

身为教师，如果所任学科是必须布置作业的，那么你每一个工作日基本上要开始于气急败坏的讨债和讯问。“本子呢？”“作业怎么没有做完？”讨要和讯问所得，总是那几条令你七窍生烟的理由，且其间多是谎话——“忘记了。”“妈妈让我做她布置的作业了。”“我不会写。”“我以为没有作业。”“本子找不到了。”“本子丢家里了。”

儿童会用各种理由来拖延许多事情。有时他们会花很多时间向我们讲述一个又一个借口，如果用这些时间去完成该做的作业或家务那是绰绰有余的。他们不仅让教师头疼不已，也极大地降低了自己及父母的生活质量。

惩罚是必需的。很多时候教师实施惩罚，与其说是为了挽救“这一个”，不如说是为了吓唬大多数，是杀鸡给猴看。

孩子之所以拖沓，一个重要的原因是他们意志力薄弱、缺乏自主意识和责任感，实施惩罚，就是希望从外部压进一些责任感，从而使他们学会做学习的主人、时间的主人。然而，经验告诉我们，每个班级都有几个油盐不进的家伙。屡教不改、屡罚无效，似乎他们来到班级、来到学校就是为了让教师抓狂，让学校知道教育的无能为力。

对于这样的孩子，仅靠学校还真是无能为力。教师抓狂也是白抓狂，因为拖沓的根在学前、在家里早已深深种下。同是学龄儿童，有些孩子的人格发展却滞后于他的实际年龄："精神体格"过于羸弱，无力理解、适应新的环境；无力理解、承担学习任务。日子没有目标，更谈不上为目标而付出努力。解铃还须系铃人。《拖沓的孩子》就是一本专为拖沓儿童父母写的书，一本畅销全美的家庭教育书。

作者丽塔·埃米特是美国的一名职业演讲家，她的研讨主题涉及拖沓、时间管理和儿童教育技巧，这些研讨受到了广泛欢迎。在《拖沓的孩子》里，丽塔·埃米特这样劝慰那些被拖沓折磨的人：

别灰心，让我来帮助你。我天生就是世界上最拖沓的孩子。我妈妈抱怨说她怀我怀了十个月——我连出生都拖延了一个月。我的作业永远不能按时做完，常常忘掉该做的家务，如果不是家里人强迫我去喂它们，我们可怜的宠物（我总是保证要照顾它们的）就会挨饿。每当需要我为某事做好准备时——上学、上床、洗澡、去亲戚家——如果父母不冲我大叫“现在，现在就做！”我是决不会准备好的。

我感到每件事都无法控制，我不能照着自己的方式生活；我认为自己从来不能和这个世界很好地合拍，很多重要的人物（包括老师、童子军团长和我的家人）都不喜欢我，因为我从来不能按照他们的期望做事。

我并不想一直那么拖沓，也不想在忘记做事的时候说谎，我只是不知道还有其他的方法。有些人能按时完成工作，但我以为他们天生就拥有某种特殊能力，而我没有。

长大以后，我有所转变。现在我不再是一个拖沓的人了。我做事有条不紊、很有效率、职能分明，我生活得非常快乐。

原来身为教育专家的丽塔·埃米特曾经就是一个拖沓的人！这让拖沓儿童及其父母看见了巨大的希望。遗憾的是，作者没有告诉我们自己的转变过程。但我们可以如此推测：丽塔·埃米特之所以潜心研究拖沓、时间管理和儿童管理技巧，就是因为一旦尝到不拖沓的清爽、幸福、快乐之后，便越发难以忘怀当年挣扎于拖沓泥泞之中的痛苦，更加同情那些依然挣扎于拖沓泥泞之中的可怜的孩子。一遍又一遍地呼吁“父母责任”的时候，丽塔·埃米特实际上是替无数拖沓儿童发出求救的信号：“爸爸，妈妈，帮帮我！不要让拖沓毁了我的今天，我的将来！”

拖沓的孩子不快乐。如果留心，你会发现他们的眉眼中郁结着沮丧、顽梗、虚弱、无助。他们怕苦怕累，他们懈怠懒惰——然而真实的成长总是伴随着疼痛和艰辛的，所以他们较少享受成长的快乐。

对于成人来说，成长的快乐是令人陶醉、可以留住青春的。对于儿童来说，成长更是生命内在的需要。快乐是分等级的，生长的快乐、知性的快乐一旦降临，就会自动萌生复制的欲望。

一开始，上进的欲望还很微弱，不足以转化为持续不断的行动力量。这时，父母的指导、鼓励、限制、惩罚就能从外部提供助力，强化孩子的意志，增强孩子的自主意识和生活责任感，全力挣脱晦暗、软弱的旧壳，晴朗而坚定地投身奔涌向前的生活洪流。如此，一个自信的、有力的、为自己和别人喜悦的新我就破茧而出了。

编谎、补做、检讨、受罚，拖沓孩子其实比正常孩子活得辛苦、沉重——除非教师和父母彻底放弃、不再要求他跟上队伍。所不同的是，完成任务对他们来说是那么被动痛苦，像是囚徒服那无尽的劳役。对管束他们的教师和父母，拖沓孩子自然是充满畏惧甚至怨恨的。在这个时候，他们所憎恶的又何尝不是生活，不是他们自己呢？

“忘记”作业，把学习时间用来玩耍的孩子，其精神状态大约是在垃圾堆边独自野餐，在阴雨天里独自郊游，那不是健康的、自然的快乐——真正的舒展从来都是跟随着紧张的劳动而来的。

拖沓的孩子既是不快乐的，也是羸弱无力的。他们畏惧成长，他们在潜意识里留恋无忧无虑的婴幼儿时期。患上“退婴综合征”的他们，希望能够长久赖在事事不用费力操心的幼儿期。他们没有能力走出这种半阴不晴、半昏半醒的状态。

伸出强力的手，把他们拽出来、揪出来，迫使他们过一种清新健劲、阳光明媚的生活，这是父母的责任。如果父母这样做了，他们将终身感激，即便不能革除积习，长大后他们也不会抱怨父母。

开始的痛苦是必然的。容易走的总是下坡路。人天生害怕改变，在地狱里待久了，离开时都会哭哭啼啼。父母付出长期努力，孩子终究没有改变的情况或许也是有的吧。只是到目前为止我们还没有得到一个这样的例证。那么，父母为什么不下定决心行动起来呢？

在《拖沓的孩子》里，拖沓不仅限于学习，也包括孩子应当和必须承担的家务。作者分析了拖沓产生的原因，提出了诊治拖沓的各种手段。阅读此书，你会感叹于大洋彼岸对于教育的务实态度。

“父爱”“母爱”是两个沉甸甸的字眼儿。它们不仅意味着温暖和艰辛，也意味着坚忍和严厉——在孩子漫长、琐屑的成长过程中所付出的漫长、琐屑的恒心。走过这漫长的一程，无论孩子发生的变化是大是小，首先实现的是父母的成长，父母会变得坚强、有力、富有智慧。更不要说，拖沓孩子往往有一对拖沓的或者过分随和软弱的父母，父母想要改变孩子，首先就要改变自己。这真是一个携手共进的美妙过程。

生气发火是没有用的，临事暴打是没有用的。教师生气折寿更是不明智、不值得的。

教师唯一可行的，是告诉孩子父母应当怎样做。父母唯一可行的，是有的放矢地制定家规，然后不折不扣地、持之以恒地执行下去——全家皆兵，打一场根治拖沓的持久战。

请看一个11岁的美国儿童为完成家庭作业制定的清单。这份清单明显流露出的是男孩对于母亲的信任和依赖——他终于把自己交给了一个温暖有力的母亲。他一边抱怨一边快乐着，实现着生命的破茧而出！

清单一：准备

1. 准备好书和纸。

2. 准备好钢笔和铅笔。

3. 看看铅笔是不是削尖了。

4. 给特雷尔打电话，仔细核对家庭作业。

5. 记得要快点儿说，因为我只有五分钟时间准备。

6. 倒一杯橙汁。

7. 准备好定时器，好知道学习时间什么时候结束。

8. 去上厕所，因为一旦开始学习，我那残酷的妈妈就不让我离开桌子了。

9. 检查外套口袋和书包，看看里面是不是还有小纸条，记录着我应该做的功课。

清单二：做功课

1. 整理书桌。

2. 阅读所有的作业。

3. 挑出一个科目的作业。

4. 再次阅读那个作业。

5. 拿出我需要的书、纸或笔记本。

6. 从头到尾把这个作业做完。

7. 休息一下。做完了第一个作业以后，我那残酷的妈妈允许我站起来伸伸懒腰，再倒一杯橙汁。

8. 做下一科作业。

9. 再做下一科、下一科、下一科、下一科。

10. 告诉残酷的妈妈我做完了。

11. 筋疲力尽地倒下。

3月24日 / 星期一 晴

我 发 现

小雨之后，阳光明净，蓓蕾星星；天空如洗，草色青青。

第一节习作课，题目是“我发现……”。范文读过，“严晓敏无意中发现：当桌面受到震动的时候，黄豆纷纷滚落地面而红豆很少滚下，这是为什么？”

“因为黄豆是圆形的而红豆是椭圆的。”

“在生活中，在学习中，你们有类似的能够写出发现过程的发现吗？”

“我发现：天气一暖和，蚊虫也多起来了。”邢虎威第一个举手。

“我发现：家属区有一只猫，一点都不怕人。那天，我悄悄靠近它，想吓它一跳。没想到，它反而转过身来，迎着我！就这样——就这样地看着我！让我大吃一惊！”韩玉琤绘声绘色地比画和表演，引来一阵笑。

"我发现猫也爱看电视。"姚剑强说。

"我发现杏花开了。"周子善说。

"我发现周子善爱发言了！"一个声音紧接着说。

又一阵笑。"我发现薛老师一高兴就给我们讲故事。""我发现我们班女生成绩比男生好。""我发现纪律也是这样！""我发现小鸟把家安到电线杆上，因为没有大树了。""我发现日记其实不难写。""我发现油菜和白菜的花外形很相似，只有叶子有区别。"

越来越热闹的、越来越大声的"我发现"中，教师拍拍立在墙角的小黑板："这上面写的，都是补充完整的作文题，是老师为了启发你们而事先拟好的参考题。嘿嘿，嘿嘿！现在我发现——"

"根本不用挂了！"

"有人物，有情节，有场景，有对话，还有心理活动。这就叫作——"

"记叙文。"

"我们的秘诀是：要想文章长——"

"就写记叙文！"摩拳擦掌一片吼。

"写吧！"教师轻轻说出两个字。

鸦雀无声。奋笔疾书。大约半个小时过去，一节课还没结束呢，很多孩子已经写完，开始自由阅读了。无论是教还是学，心情愉快时，灵感纷至，文思如涌。愉悦的心情自然能够带来良好的学习状态。在教师这里，愉悦的心情，又往往来自学生良好的学习状态。

附：

我发现薛老师喜欢听音乐

我发现薛老师喜欢听音乐。薛老师说她太喜欢了，‘所以家里摆了三台音响，客厅摆了一台，卧室摆了一台，金戈卧室摆了一台。’薛老师讲到这，我们都露出惊讶的表情，都说：“薛老师，你也太厉害了。”

每次写作业的时候，老师就给我们放音乐。我们一边写作业，一边听音乐。后来，因为录音机太旧，老是“刺啦刺啦”地响，而且好磁带很难买到，老师就自己出钱，给我们买了一个新机子，这个机子的名字很好玩，叫“面包机”。面包机的外形真的很像面包。磁带、CD、VCD、DVD都能放。

在薛老师播放的音乐里，我最喜欢听《高山流水》《彩云追月》。（李智炫）

3月27日 / 星期四 晴

语言素养是教师的第一基本素养

科室里似乎仍回荡着她那爽朗的笑声，病人似乎仍感受到她那春风般的关切与抚慰。然而，在万物复苏的阳春三月，47岁的护士长叶欣却永远地走了。她倒在了与非典型肺炎昼夜搏斗的战场上。

这是《永远的白衣战士》的开头。典型的宣传腔调，典型的事迹报道模式。有背景，有画面，还有比喻和抒情，然而就是不动人。

僵固的套路，陈腐的语言——经过如此这般的“程式化”的升华提炼之后，生的渴望、死的可怖、血的温暖、心的柔软，全部被剔除。于是叶欣就成了课题上方的那尊塑像——永恒地微笑着。

这是一种公式化的表达。其实，说“表达”并不准确，因为真情的缺失，这只能叫作公式化的码字儿。

一个公式，最滥的宣传公式。就像a+b=c，你只要将具体数字，即具体地点、时间、年龄、事件代入，一段抒情文字就有啦。不信随便试：

车间里似乎仍回荡着他那爽朗的笑声，工友似乎仍感受到他那秋阳般的关切与抚慰。然而，就在秋高气爽的金色十月，48岁的工段长王大宝却永远地走了。他倒在了技术革新的战场上。

随便是谁，随便什么事。何止叶欣，何必叶欣！如果这种东西也有影响力，其作用只能是——在败坏你文字的品位的同时，也坚硬粗糙地冷却了你的心。文字的敏感，就是心灵的敏感——对具体而微弱的生命的敏感。“公式体”文字得以进入语文教材，是对母语的糟蹋、童心的污染，也是对叶欣的亵渎。

3月29日下午，广州殡仪馆青松厅，医院全体员工在这里与她作最后的告别。花圈如海，泪水如雨。遗像中，叶欣留给人们的是永恒的微笑。

依着千人一面的制作流程，循着文以载道的教育需要，将血肉丰满的一位女性、一个人，制成一幅遗像、一尊雕塑。也许，这正是作者追求的。

然而孩子就是不喜欢。朗读疲惫而枯涩，像是沙漠里的跋涉。这是好事，这证明他们对文字有感觉。然而，亲身经历过那场噩梦的教师却不想就这样潦草过场。不为别的，只为了“叶欣”这个美好的名字、这个高贵的灵魂。

于是讲起当年的见闻体验。“今天不知道明天的事，仿佛世界末日就要到了！真的是人人自危，闻咳色变！”

“吭吭！”一片凝重紧张的寂静中，两个孩子无端地咳嗽起来。教室里的空气越发变得凝重紧张。朗读似乎好了些。

找出《给我一个班，我就心满意足了》——首篇《不说爱》里收录了两段歌词，教师抄在小黑板上，一遍读过，学生好感动，好喜欢。无须解释，也无须诱导，只一会儿工夫，他们就背下了。原因很简单：歌中有“我”，歌是对话。而护士，是和“我”一样脆弱柔软的普通人。这就叫作感同身受，就叫作以情动情。

你也和我们一样是血肉之躯，
并不比谁多一些免疫力。
当我终于可以享受春天的和煦，
你却日日夜夜呼吸着致命的空气。

你也和我们一样是父母儿女，
并不比谁少一些七情六欲。
当我终于幸福地阖家团聚，

你却远离亲人分分秒秒伴着恐惧。

《现代汉语词典》对“终于”的解释是：

“副词，表示经过较长过程最后出现某种情况（多用于希望达到的结果）：试验终于成功了。｜身体终于强壮起来。｜她多次想说，但终于没说出口。”

歌中的“终于”使用准确且具感染力。因为很多时候“终于”含着期待的意义；因为 2003 年春天，自由呼吸、阖家团聚对很多人来说，真的是可望而不可即的事情！

中午刚过，叶欣开始出现发热症状，病魔终于没有放过她。经检查，叶欣染上了非典型肺炎。

说到叶欣不幸染病，课文居然也用“终于”。我的天，难道这是作者等待的结果？没商量的，我把幸灾乐祸的“终于”改为中性的“到底”。

此前，我们还改过两处课文。

是的，如果你想知道什么叫做创造力，往小处说，就是换一种切苹果的方法。

这是《苹果里的五角星》的结尾。我们续了“往大处说，就是改变思维方式，做事打破常规”。原文并非有语病，但如果不加上一句，怎么都觉得话还没有说完，怎么都觉得有个家伙以金鸡独立的姿势定格在你面前。也许他自己觉得很酷，可是我们受不了。

《最佳路径》有语：一路上他看到许多园主把摘下来的葡萄提到路边，向过往的车辆和行人吆喝，但却很少有停下来的。学生觉出了“不舒服，不清爽”。于是改为“一路上他看到许多园主把摘下来的葡萄提到路边，向过往的车辆和行人吆喝，但却很少有车辆和行人停下来的。”原文没有错误。命令我们非如此不可的，是已经支配了我们的“语言的纪律”。

正读《陈丹青音乐笔记》。在《赴死的演奏》里，画家说到“音乐的纪律”“艺术的纪律”。

> 我们玩弄艺术的动机，小半或是出于灵感或情热吧，大半则恐怕是积习使然。作文、吟诗、画画、奏乐，能至于成为积习，由积习而内化为本能者，势已十二分谙熟此中技艺，技艺，会者不难难者不会，所谓章句韵脚运笔指法者，亦即一整套习染既久而能欣然遵从的操作纪律。
>
> 纪律，即意志的形式。艺术纪律亦然。艺术技巧中，纪律的网络严密精致，鬼使神差，密码般转化为艺术家的意志，在生命的极端处境中，“艺术的意志”自会跳脱而出，有所表现，足以使人叹服惊异的，只是外人往

往不知，不察，不会去揣想与艺术的潜在关联，即便当事人也未必全然自觉的。

关于“在生命的极端处境中，‘艺术的意志’自会跳脱而出，有所表现”——陈丹青例举了电影《泰坦尼克号》中的一幕：巨轮将覆，乘客惊奔，渐渐倾斜的甲板上，几个提琴手以前所未有的默契和专注，做生命中最后的演奏。那也是教师最喜欢的一幕啊。乐起处，荡气回肠。哀婉至极，尊贵也至极。

好电影。好音乐。好文章。

3月31日 / 星期一 阴

朗读擂台

教材《练习3·处处留心》栏目有《三国演义》片段《关云长温酒斩华雄》，学生读来颇有感觉。“曹操教酾热酒一杯，与关公饮了上马。关公曰：‘酒且斟下，某去便来。’出帐提刀，飞身上马。”随文字节拍一个个摇头晃脑，摇唇鼓舌。其兴其味，远胜朗读课文《三顾茅庐》。

记得“亲近母语”语文自读课本里就有《三国演义》。果然，于第10册，第四、第八、第十二、第十六单元——见到13篇课文，都是很好的改编作，既保持了母语陈酿的韵味，又较原文简洁很多。考虑到四年级孩子的接受程度，教师又从《桃园结义》《火烧赤壁》中截出片段，作为今天的朗读材料。

上周四，预先将材料交给叶少华、李卓然。示范一遍，“各自回家练习。下周一，给我穿精神点，读出精气神来。最好背下来，当评书说给大家！”

今天一早，陆续进来的孩子惊喜地看见桌上的字纸。

"哇！桃园结义！""哇！火烧赤壁！"一抬眼，看见黑板上大书着的"三国故事，朗读擂台"，立刻进入状态：迅速放下书包，放开嗓子，读起来。后到的孩子，一进教室，就被卷入腾腾热气：迅速放下书包，放开嗓子，读起来。

当铃声响起的时候，都已读过若干来回。教师示范，各自再读；擂主朗读，各自再读；擂主背诵，各自再读。一次次的示范与表演，是一次次的激发与撩拨。然后是分组打擂、男女生打擂，最后是单人朗读。

擂主表现之出色自不必说。尤其是李卓然，字正腔圆、气足神旺，大有刘兰芳的架势。大家的兴致如我预料的高涨——尤其是男生，一个接一个跳上擂台，仿佛是翻身上马，挥戈向前。

当铃声再次响起的时候，热火朝天的气氛还在教室里升腾。经验告诉我：这样的持续兴奋之后，紧接着的语文课，不宜再做针对课文的朗读、分析和思考。将近 30 分钟的持续兴奋之后，他们的大脑和发音系统，已经潜伏着倦意。这时候，比较适宜的是动笔。

跳到《练习 4》，将"读读背背"念过——布置作业：抄写"读读背背"成语两遍、朗读材料一遍。

好不容易选出来、打出来的片段，好不容易整出来的气场，不让他们一字一句抄到纸上，不让他们趁热打铁印到心里，岂不暴殄天物，枉费“云”心？

音乐响起来。教师照例把一盘 CD 的曲名依次写上黑板：《二泉映月》《潇湘水云》《平湖秋月》《空山鸟语》《望你早归》《禅院钟声》。字是黄色的，音乐行到哪首，教师就一声不响地用红笔在曲名下面画一条横线。孩子有看见的，有没有看见的。看见的，有落到心里的，有没有落到心里的。然而无论看见不看见，留神不留神，音乐都进入了他们的潜意识，布到了他们的作业里。耳朵永不睡觉，耳朵永远醒着。这是陈丹青说的。

一是因为教学时间极其有限，二是因为人数过多，语文课上，孩子很少能够得到单人朗读的机会。天长日久，即便单人朗读，他们也是张口便是齐读的腔调：机械、拖沓、麻木不仁，还带着煞有介事的夸张与造作。当齐读成为主要甚至唯一的朗读形式，个人与文本交流的渠道便遭阻滞，“说话一样自然动人的朗读”便沦为不可能。天长日久，朗读成了一项无关心灵的用声音交给教师的作业。经过长期的艰苦卓绝的磨合与修炼，当全班语速语调终于整齐划一的时候，童心该有的鲜活、柔软、灵敏和差异也渐渐消磨了。就这样年复一年，我们期待的，经由朗读从而使童心得到的洗礼与浸染，便因为我们的努力，成为空想与奢望。

朗读、阅读汇报、日记展示，都是个人表现。周复一周、长此以往，既是为了激发阅读兴趣，也是为了弥补迫不得已的齐读带来的损失。

在小学，或许到大学都是这样吧：男生的作文和口语大多弱于女生。所以顺着教材内容，选择阳刚雄强的文字做这种火爆热烈的打擂游戏，也是一个因材施教的意思。

今日获奖选手有四名：邢虎威、孙琪先、张悦媛、韩玉琤。

报名竞争、选择擂主、擂主读背、登台打擂。一个接一个的表现，岛屿般突出亮丽；一阵接一阵的掌声，汪洋般澎湃激荡。岛屿所以成为岛屿，乃是因为众人的兴致汪洋一样澎湃激荡，乃是因为人人都渴望着成为岛屿。

人人争先，同时又完全没有压力，完全自觉自愿。这种感觉，也是日常教学中所稀缺的，是儿童学习所必需的。

尽我所能。营造一点是一点，带动一个是一个。

附：

桃园结义（节选）

次日，于桃园中，备下乌牛白马祭（jì）礼等项，三人焚（fén）香再拜而说誓曰："念刘备、关羽、张飞，虽然异姓，既结为兄弟，则同心协力，救困扶危；上报国家，下安黎（lí）庶（shù）。不求同年同月同日生，只愿同年同月同日死。皇天后土，实鉴（jiàn）此心，背义忘恩，天人共戮（lù）！”誓毕，拜玄（xuán）德为兄，关羽次之，张飞为弟。祭（jì）罢天地，复宰牛设酒，聚乡中勇士，得三百余人，就桃园中痛饮一醉。

火烧赤壁（节选）

曹操回观岸上营寨，几处烟火。黄盖跳在小船上，背后数人驾舟，冒烟突火，来寻曹操。操见势急，方欲跳上岸，忽张辽驾一小脚船，扶操下得船时，那只大船，已自着了。张辽与十数人保护曹操，飞奔岸口。黄盖望见穿绛（jiàng）红袍者下船，料是曹操，乃催船速进，手提利刃，高声大叫：“曹贼休走！黄盖在此！”操叫苦连声。

4月 April

另一种海鸥

4月7日 / 星期一 晴

怀抱、掌声及其他

一、“母亲为什么流泪了呢？”

我突发奇想地说：“妈，你把我从小抱到大，我还没有好好抱过你一回呢。让我抱你入睡吧。”母亲说：“快把我放下，别让人笑话。”护士说：“大妈，你就让他抱一回吧。”母亲这才没有作声。

我坐在床沿上，把母亲抱在怀里，就像小时候母亲无数次抱我那样。为了让母亲容易入睡，我将她轻轻地摇动。护士不忍离去，静静地站在边上看着。母亲终于闭上了眼睛。我以为母亲睡着了，准备把她放到床上去。可是我忽然看见，有两行泪水从母亲的眼角流下来……

掌声并不热烈，然而由衷。教师很喜欢。掌声中，若干孩子在擦泪。

进入四年级以来，教师通篇朗读课文的时候渐渐少了。所谓范读，多是交给出色的孩子去做。教师只在需要的段落亲自操刀。今天通读《第一次抱母亲》，只是因为教师自己对这篇文章有感觉。

“随便谈谈吧。”教师提议。

“这个母亲好伟大！母亲一生最重的时候只有 89 斤，她瘦小的身体承受了那么重的生活重担。我现在是 84 斤，我想我是无论如何也挑不动 100 斤的。而母亲呢——”说到这里，李旭冉捧起课本，“在我记忆中，母亲总是手里拉着我，背上背着妹妹，肩上再挑 100 多斤重的担子翻山越岭。”

这样年复一年，直到我们长大。我们长大后，可以干活了，但逢有重担，母亲总是叫我们放下，让她来挑。我一直以为母亲力大无穷，没想到她是用 80 多斤的身体，去承受那么重的担子。

教师接着读完这一段。“所以，作者才会用很大的气力去抱生病的母亲；所以，作者才会因为用力过猛差一点儿仰面摔倒；所以，想到瘦弱的母亲一生所承受的艰辛，作者内心充满了——”

“疼痛和愧疚！”学生一齐说。

“带着你们体会到的心疼和愧疚，读！”

“母亲竟然这么轻，我心里很难过……”学生读。

“儿子突发奇想，要抱着母亲入睡，你们理解儿子的冲动吗？”

“能！”孩子七嘴八舌地回答，“他是妈妈从小抱大的。”“他很疼母亲。”

“母亲想不想让儿子抱？”

“想！”“可她有点难为情。”“她怕人家笑话。”

“母亲为什么流泪了呢？”

“母亲觉得温暖！”“那是幸福的眼泪！”“母亲爱孩子，母亲也需要孩子的爱！”

二、“母亲也需要孩子的抱！”

“母亲爱孩子，母亲也需要孩子的爱！”

学生的回答没错。也许更准确的说法应当是：“母亲把孩子从小抱大，母亲也需要孩子的抱！”

愧疚激发了回报的冲动。从理智的角度来说，寻常日子里的端茶送水、嘘寒问暖才是更为实在的回报。然而，在文章特定情境之下，唯有“抱”才是最恰当、最自然，也是最能满足母亲的回报方式。

为什么？

怀抱、拥抱——以怀抱、拥抱为基本方式的亲密接触对于我们的重要性是前世注定的。每一个人的生命都开始于子宫对于我们的紧密拥抱。那世界上最安全、最舒适、最温暖的拥抱，既是我们出生前生长、发育、成形的前提，也是我们出生后毕生渴望重返的伊甸园。

人之初，母亲的怀抱、拥抱，是儿童身体成长的必需，也是儿童情感发展的必需。一次又一次，一天又一天，孩子无意识的心灵感受到、浸润于母亲对于自己身体全然的接纳和喜悦——也是世界对于自己全然的接纳和喜悦。人生所有的安全感、自信心、力量感，盖源于此。

对母亲来说，抱孩子是一种非如此不可的自然需求。世界上有多少灰心丧气的女性，因为孩子而重新获得了生活的热力和勇气？哺乳、怀抱、抚摸、亲吻——这些最自然不过的行为，是母亲生命能量的释放，也是母亲人生价值的实现和证明。“其他人或许是假的。然而这个孩子是绝对离不开我的。我的状态是好是坏，对于这个小孩子是生死攸关的。所以我必须好好活！”于意识或潜意识中将此责任或信念输入母亲身心的是什么？是哺乳、怀抱、抚摸、亲吻，是自然发生于母子间如痴如醉的亲密接触。给予越多，越离不开孩子，这几乎是所有母亲的体验。

出生之前，出生之初的以怀抱为基本方式的亲密接触，是我们力量、光明、信心的源泉。我们长大之后对于友爱、情爱乃至婚姻的追逐，其实都不同层次、不同程度地包含了我们对于亲密接触的寻觅与营求。

对于亲密接触的需要，伴随人的一生。我们衰老的父母其实和我们的幼子一样迫切需要我们的亲情。所以愿我们时时记得抱抱衰老的父母。

三、“人性深处的需要，是无法压抑的”

怎样密切的思想沟通，怎样频繁的语言交流，都不能解决我们对于亲密接触的需求，都不能替代亲密接触带来的抚慰和滋润。那是长久困乏之后的酣睡，那是玩累了的孩子对于母怀的偎依。是的，对于亲密接触的需要本质上是一种心理倒退，是一种“退婴行为”。恰是这种倒退、这种酣睡和偎依，使得之后的跋涉更加稳健。完全战胜了这种脆弱的人大约是很坚强、很成熟的吧，但这种成熟与坚强的代价也许太过沉重，那就是同时失去了童性——失去了童性特有的柔软、灵敏、生长力。

《彼得王子和泰迪熊》《小熊，睡不着吗？》《小棕熊的梦》，这三本关于熊的绘本所表现的，都是儿童对于亲密接触的渴求。

宫廷规矩过早中断了父怀母抱的滋养。王子必须称呼威严的父母为“国王大人”“王后大人”。于是王子想要一只泰迪熊，王子用柔软的泰迪熊替代了柔软的拥抱，并在失望之余将自己的失落感投射到被自己冷淡的小金熊身上——靠着想象，靠着童心特有的感染力，彼得王子最终获得了父母的亲昵。

在故事结束的时候，孩子一边呼唤着“爸爸”“妈妈”，一边投入父母的怀抱。而国王大人和王后大人，终于在孩子一团亲热的呼唤与拥抱中，绽放出灿烂的笑容，张开了温暖的怀抱。那时候，他们很美、很可爱。

吵着“这儿黑”“那儿黑”，让爸爸整个晚上不停地忙着点灯驱暗，小熊这样闹腾并不是恶作剧。直到小熊在父亲的怀里，在月亮那盏“世界上最大的灯”下香甜入睡——小熊也不知道，自己想要的，其实就是爸爸的怀抱。

至于小棕熊，他不愿挖坑，因为他觉得那样辛苦只为独自过冬没有意思。他鼓起勇气到南方去，结果却在三只睡鼠蜷卧胸口的梦中和朋友们一起到了海滩。所有这一切，皆是发轫于小熊奔奔对于亲密伙伴的寻找，皆得圆满于亲密伙伴的获得。因为偎依，有了不一样的梦境。有了不一样的梦境，必有不一样的现实。

人首先是身体的，然后才是精神的。所有精神的滋养都仅仅滋养了精神，而相知相悦者之间的亲密接触，则滋养丰润了人的全部——人本身。婚礼仪式上，最喜欢看见的，就是新郎将新娘整个儿抱起，从车上抱上楼——抱进屋子。我相信，那一刻是新娘，也是新郎一生中最为灿烂幸福的时刻。

两棵树长久了也会往一处拢呢。有生命的地方就有对于亲密接触的需要。在人类漫长的历史中，逐渐演化出种种替代满足的方式。

比如我们在夏季也要把自己包裹起来才能入睡。那薄薄的毯子，就是给予我们胎儿般安全和舒服的“布子宫”。同样的道理，很多人往往一生的睡姿都是他在子宫里的姿势。

还比如鼓掌。掌声为什么具有不可言说的温暖和激励的作用？因为鼓掌脱胎于母亲对于婴儿的怀抱和轻拍。当我们鼓掌，就是在潜意识中轻拍演员的后背，送去赞赏、鼓励或者安慰。虽然我们不知道，演员不知道，然而这种“不知道”丝毫也不影响掌声引发的心理乃至身体的反应。常有掌声响起的教室，必定是一个盈满温馨的亲情、持续产生热力的地方。所以看云一直有意培养孩子鼓掌的习惯。

还有文字，还有书信，还有聚会，还有游戏，还有按摩，还有洗发，还有儿童在打闹中、成人在竞技中——经由冲撞搏击实现的身体之间的强接触、强亲密。

刚给朋友发去这样一封短信：“正读莫里斯的《亲密行为》，对于理解儿童和自己大有好处。同时也知道了为什么会对特定朋友有发信的瘾头。我的这些讨论儿童和母语的信件，都是由我的指尖一一敲打出来的。也许，这些信件送出的，是我对儿童和母语的见解，也是我用指尖轻触某人的需要——满足了我用指尖轻触某人的需要。

“想当年，钢笔替代毛笔的时候，很多人如丧考妣，以为中华文明特有的从容优雅将自此亡。正如键盘写作开始的时候，很多人以为只有白纸黑字的书写才能承载的人间温情将自此灭亡。

“然而事实怎样呢？事实上，人们的情感交流，因为书写和通信方式的改进变得更为顺畅细腻了！人性深处的需要，是无法压抑的。你在一个地方以一种方式压抑了，它必定在另一地方以另一方式呈现出来，向你呐喊并实现着自己的价值。”

然而，替代毕竟是替代。不经意中，当被替代的原型粲然呈现，它那浑朴的光芒和热力，必然温暖、照亮、冲击我们。所以，读着《第一次抱母亲》，四年级的孩子也哭了。

4月10日 / 星期四 晴

英雄之路或美的救赎

一、大海里到处都是各种各样奇妙的生命

朗读从海草飘摇的扉页开始。师生对话穿插其间。

1. 献给我的朋友阿尔弗里多·赛格雷，是他起了小黑鱼这个名字。

（文·图：[美]李欧·李奥尼 翻译：彭懿）

“彭懿是谁？”“写图画书的那个。”“《小黑鱼》的故事，其实我们在《图画书》里看过。对不对？”“对。”

2. 在大海的一个角落里，住着一群快乐的小鱼。他们都是红色的，只有一条是黑色的，黑得就像淡菜壳。他比他的兄弟姐妹们游得都要快。

“小黑鱼在哪儿？”“在那里！好小哦！”“在这里，在海的角落，在红鱼们温暖亲密的包围中，每天每天，小黑

鱼看见最多的是什么？”“红色。小红鱼。”“做得最多的是什么？”“游泳！玩耍。”“他快乐吗？”“快乐！”“他无忧无虑吗？”“无忧无虑！”“他想过去很远的地方，去海的深处吗？”“大概没有。因为他在这里过得很好。”

3. 一个可怕的日子，从海浪里突然冲出一条又快、又凶、又饿的金枪鱼。他一口就把所有的小红鱼都吞到肚子里，只有小黑鱼逃走了。

“为什么？”“他游得快！”

4. 他逃到了大海深处，既害怕，又孤独，伤心极了。

“现在他在哪里？”“大海深处。”“离开了熟悉的故乡，也永远离开了亲爱的兄弟姐妹，我们的小黑鱼——”“既害怕，又孤独，伤心极了。”“哦，真可怜。真正的死里逃生啊。在这浩瀚的深海里，怎么可能只有他一条小鱼呢！可是，这一页为什么只有他一个？”“这其实是小黑鱼的内心感受。是他刚刚逃到深海的感受。”“什么感受？”“既害怕，又孤独，伤心极了。”

5. 大海里到处都是各种各样奇妙的生命。小黑鱼游啊游，碰见了一个又一个奇迹。于是，他又高兴起来。

他看到，水母像彩虹果冻……

6. 大龙虾走起路来像水下行走的机器……

7. 怪鱼像被一根看不见的线牵着……

8. 森林似的海草长在糖果般的礁石上……

9. 海鳗的尾巴有多长连他自己也搞不清……

10. 海葵像粉红色的棕榈树，在风中起舞。

教师读得很慢，声音里满是新鲜的惊讶与陶醉。“哇！”“哦”“啧啧！”“好美哦！”学生的惊讶与陶醉一阵漫过一阵。因为朗读，更因为水彩拓画的特殊视觉效果，迷离、梦幻的水世界——漫出书页，涌进教室。

“哦，你们为什么又开心起来了呢？刚才的悲伤哪里去了？”“大海里到处都是各种各样奇妙的生命！”“是什么治愈了小黑鱼心灵的创伤？”“彩虹果冻水母、水下行走的龙虾、怪鱼、海草……大海里到处都是各种各样奇妙的生命！”“哦，真好！我们的小黑鱼，他终于可以欣赏深海的奇景了，他终于能够陶醉于深海的奇景了。在海的深处，在悠长而孤独的日子里，在众多奇妙生命的包围中，他慢慢学会了什么？”“独立生活的能力。战胜孤独的勇气。勇敢地面对困难。”“所以，现在的小黑鱼——独自漫游于深海、生活在深海、见过奇妙事物的小黑鱼，一定和当初那条大不一样了！怎么不一样了？”“勇敢，自信，有见识，有能力。”

“这就是英雄潜质。其实到这个时候，小黑鱼已经具备了作为英雄的所有条件。他需要的只是机遇，只是证明。”教师在心里说。

二、他们在清凉的早上游，在阳光灿烂的中午游

11. 后来，他看到了一群和自己一样的小鱼，躲在礁石和海草的影子里。

“来游吧，一起玩儿，到处看看！”他快乐地说。

“不行，”小红鱼说，“大鱼会把我们通通吃掉的！”

“可是，你们不能老躲在那儿吧？”小黑鱼说，“我们一定要想想办法。”

“注意，为什么这里的‘看看’和‘想想’用大字？”“小黑鱼很有见识。他看到过很多奇妙的生命，他品尝过到处看看的幸福。他希望大家都能到处看看。小黑鱼很自信，他相信办法是一定能想出来的。”“哦，他相信办法是一定能想出来的！对比众多的小红鱼，小黑鱼的优势在于速度，更在于什么？”“自信，勇敢，思考力！”“这种自信、勇气、思考力，是如何获得的？”“在漫游深海的日子里慢慢获得的。”“更是在各种各样的生命奇观的刺激滋养下生长出来的！”教师总结道。

12. 小黑鱼想啊想，想啊，想啊。

突然，他说："有了！"

"我们可以游在一起，变成海里最大的鱼！"

他教他们各就各位，紧紧地游在一起。

"紧紧游在一起——这就意味着他们的处境可能更危险了！为什么？""紧紧游在一起，大鱼要吃起来会更方便的！""可是小红鱼居然听小黑鱼的！为什么？""他们也想出去玩儿，他们也想到处看看。他们觉得小黑鱼是英雄。他们信任、敬佩小黑鱼！""是啊，小黑鱼是英雄。可是，这群小红鱼身上也有英雄气！老师为什么这么说？""他们把信任给了小黑鱼。他们不怕危险！"

13. 等到他们可以游得像一条大鱼了，小黑鱼说："我来当眼睛。"

"多么大的一条鱼！小黑鱼是大红鱼的眼睛，也是每一条小红鱼的眼睛！为什么？""所有的小红鱼，都因为小黑鱼而能够看见深海世界了！"

14. 他们在清凉的早上游，在阳光灿烂的中午游，把大鱼都吓跑了！

"多么开心！多么自豪！他们——""他们在清凉的早

上游，在阳光灿烂的中午游，把大鱼都吓跑了！”“在清凉的早上，在阳光灿烂的中午，他们怎么游？”“神气十足地游。从容自在地游。想怎么游，就怎么游！”“这是怎样的一个奇迹？”“团结的奇迹。信任的奇迹。勇气的奇迹。智慧的奇迹。”“哦，他们终于不必在恐惧的阴影里度日如年了。他们好幸福！他们——”“他们在清凉的早上游，在阳光灿烂的中午游，把大鱼都吓跑了！”

三、只要你对美还有感觉

“算上扉页，全书共有 14 个场景。让我们数数看，小黑鱼独自漫游深海的画面共有多少？”

回看——再读。再醉。再叹。

1. 他逃到了大海深处，既害怕，又孤独，伤心极了。

2. 他看到，水母像彩虹果冻……

3. 大龙虾走起路来像水下行走的机器……

4. 怪鱼像被一根看不见的线牵着……

5. 森林似的海草长在糖果般的礁石上……

6. 海鳗的尾巴有多长连他自己也搞不清……

7. 海葵像粉红色的棕榈树，在风中起舞。

“7 比 14！正好是全书的一半！这么大的比例说明什么？”“小黑鱼是怎样高兴起来，怎样成长起来的？”“靠着超常的速度，他在危机的瞬间逃避了死亡。靠着对美好事物的感受力，他在漫长的日子里获得了什么？”

“信心，勇气，独立生活的能力，思考能力。”

“哦，整整 7 幅图！整整半本书！漫长的海底漫游历程，漫长的英雄成长之路。超常的速度、无忧的童年、广博的见识、对美的感受能力，还有勇气，还有智慧，还有长久的孤单不能磨灭的同情心！所有这些因素加起来，就使我们的小黑鱼成了——”

“大英雄！”

“是的，团结起来力量大。然而今天老师想告诉大家的是：无论到了什么时候，无论落在什么境地，我们都不能失去对美的感受力。因为说不定有一天你会独自一人，再没有谁可以依靠、可以倾诉、可以团结。可是，哪怕到了那一天，只要这个世界还有美，只要你对美还有感知力、吸收力，你就有希望——你就有希望赢得属于英雄的光荣、自由，还有——”

“尊重！敬佩！友谊！”

4月14日 / 星期一 阴雨

胡萝卜加大棒

早自习20分钟，第一节课10分钟，第三节课15分钟。整整45分钟，“朗读擂台”才得以圆满结束。考虑到连续朗读带来的厌倦，所以才分三段进行。

今天的擂主是胡婧怡、高陈。

这次的材料（生字注音）、篇幅都较上回的《桃园结义》《火烧赤壁》长了一倍，孩子们读起来也较上次费时、费力不少。显然，教师高估了学生进步的幅度，今天只做一个片段才是比较合适的。然而，既然已经做了，教师决心：不获全胜，决不收兵！

活动程序与上次基本相同。最先跳上讲台，正确、响亮、流畅、有语感地读完一篇的六位同学有奖。挑战的间歇还有一轮轮的齐读。等挑战结束、奖品全部发下之后，教师再点名，挑出态度不认真的家伙，如果读得磕磕巴巴，对不起——罚抄！“惩罚的名额呢，我也准备了六个。至于是哪六位呢？目前还不知道。好自为之吧，你们！”

上次只有胡萝卜，学生兴致勃勃。这次是胡萝卜加大棒，学生于兴致勃勃之外又多了几分严阵以待。当教师意识到今天的朗读任务重、耗时长，要想收到期待的效果，除了兴趣和热情，还需意志力，这时，大棒就“呼呼”抡起来了。

前有胡萝卜的诱惑，后有大棒的威吓，今天的朗读效果，教师甚觉满意！学生也很投入、很开心，好像同仇敌忾奔赴一场志在必胜的战役。

光有兴趣是靠不住的。这种活动是培养兴趣，也是强化训练。面对有难度然而“跳一跳”就可以品尝甘甜滋味的古典文本，读出语感的前提是理解，而似懂非懂、来来回回的放声朗读，也能于不知不觉中震落思维的积锈，强行打通思维的回路。对于若干“铁砣”“石疙瘩”来说，这种迫于威慑的、全力以赴的放声高读所起的作用，则是对于思维冻土的强力震荡。对他们来说，这种震荡也是好的、难得的。

能通几个是几个，能通几分是几分。能震几个是几个，能震几分是几分。教师的信念是：“但顾耕耘，莫问收获。”

附：

刘备摔阿斗（节选）

云纵马过桥，行二十余里，见玄德与众人憩于树下。云下马伏地而泣。玄德亦泣。云喘息而言曰：“赵云之罪，万死犹轻！糜夫人身带重伤，不肯上马，投井而死，云只得推土墙掩之。怀抱公子，身突重围；赖主公洪福，幸而得脱。适来公子尚在怀中啼哭，此一会不见动静，多是不能保也。”遂解视之，原来阿斗正睡着未醒。云喜曰：“幸得公子无恙！”双手递与玄德，玄德接过，掷之于地曰：“为汝这孺子，几损我一员大将！”赵云忙向地下抱起阿斗，泣拜曰：“云虽肝脑涂地，不能报也！”后人有诗曰：“曹操军中飞虎出，赵云怀内小龙眠。无由抚慰忠臣意，故把亲儿掷马前。”

青梅煮酒论英雄（节选）

操曰：“夫英雄者，胸怀大志，腹有良谋，有包藏宇宙之机，吞吐天地之志者也。”玄德曰：“谁能当之？”操以手指玄德，后自指，曰：“今天下英雄，惟使君与操耳！”玄德闻言，吃了一惊，手中所执匙箸，不觉落于地下。时正值天雨交至，雷声大作。玄德乃从容俯首拾箸曰：“一震之威，乃至于此。”操笑曰：“丈夫亦畏雷乎？”玄德曰：“圣人闻迅雷风烈必变，安得不畏？”将闻言失箸缘故，轻轻掩饰过了。操遂不疑玄德。后人有诗赞曰：“勉从虎穴暂趋身，说破英雄惊杀人。巧借闻雷来掩饰，随机应变信如神。”

4月15日 / 星期二 阴雨

我也要昏过去了！

一、兴奋

假日里，天气闷热，一家人到森林里去：父亲、母亲、五年级的学生托利亚和四年级的学生萨沙。

森林里是那么美好。林中旷地附近长着一丛丛野蔷薇，一朵花刚刚开放，粉红粉红的，芬芳扑鼻。母亲和孩子们坐在草地上聊天，父亲在旁边聚精会神地看书。突然雷声大作，先是飘下几滴雨点，接着大雨如注。爸爸赶忙把雨衣给了妈妈，妈妈接过雨衣没有穿，却把它给了萨沙。

萨沙问道：“妈妈，爸爸把雨衣给您，您又把雨衣给了我。你们干吗这样做呢？”

“每个人都要保护比自己弱小的人。”妈妈回答说。

“这么说我就是最弱小的了？”萨沙反问道。

“要是你谁也保护不了，那你不就是最弱小了的吗？”妈妈笑着回答说。

萨沙朝蔷薇丛走去。他掀起雨衣，盖在粉红的蔷薇花上。滂沱大雨已经冲掉了几片花瓣，花儿低垂着头，因为它娇嫩纤弱，毫无抵抗能力。

“现在我该不是最弱小的了吧，妈妈？”萨沙问道。

课文篇幅短小，内容也很浅显。讨论却颇兴奋。

“课文通过一家人在雨中的所做所言，说明什么道理？”

“每个人都要保护比自己更弱小的人。”学生回答。

“爸爸为什么把雨衣给了妈妈？”

“妈妈比爸爸弱小。”“因为男的就该保护女的。”

“妈妈为什么把雨衣给了萨沙？”

“因为萨沙最小。”“因为妈妈觉得萨沙是家里最弱的。”

“不！家里最弱的应当是托尼亚！”最后一排的李自成有些生气地喊，“托尼亚五年级，萨沙四年级，托尼亚只比萨沙大一岁。可萨沙是男孩，而且萨沙四年级了，和我们一样大了。所以萨沙不是最弱小的！”听了这话，几乎所有的人都朝李自成点头。因为四年级的李自成——他的个头已经比教师略高一点啦。难怪他要抱不平呢。

“大约妈妈只以年龄论强弱，不以性别论强弱吧。”教师替课文找台阶。

“老师，事实上原文不是这样的。我在二年级的时候，读到过苏霍姆林斯基的原文。在原文里，爸爸把雨衣给了妈妈，妈妈又把雨衣给了托尼亚，最后托尼亚把雨衣给了萨沙。”

“哦！”教师点头，很多女生同时点头。在课文中，托尼亚似乎是被遗忘的角色。晏楚芸的原文帮我们找到了托尼亚在家庭中的位置，也让女生找到了温暖和安全。

爸爸—妈妈—姐姐托尼亚—弟弟萨沙。如此周全的雨衣传递线路，周全得有点庸俗。然而比忘记托尼亚，毕竟妥帖了一些。此后，讨论便围绕这一传递线路进行。

“托尼亚五年级，萨沙四年级。姐弟俩年龄相差很小。在有些人家，没准儿四年级的弟弟还比五年级的姐姐高大一些呢。所以，我们可以根据性别说托尼亚是家里最弱的，也可以根据年龄说萨沙是最弱的。也就是说，妈妈把雨衣给托尼亚还是给萨沙，都有道理，对不对？”

“对。”

“问！为什么爸爸把雨衣给了妈妈，却不直接给两个孩子中的一个？”

“因为爸爸相信妈妈一定会把雨衣传给孩子们的！”韩玉琤说。

“哈哈！哈哈！”教师尽情地、毫不掩饰地嘲笑着，“雷声大作啊！大雨如注啊！在这雷声大作、大雨如注的时刻，爸爸把雨衣给了妈妈。居然是为了让妈妈把雨衣传下去，居然是为了给一家子上思想品德课。如果妈妈不懂得他的心思，如果妈妈没有往下传，爸爸还会失望或者生气！想一想，这可能吗？这合乎情理吗？”

“嘿嘿，情况紧急，好像是不大可能。”韩玉琤也笑了。

“而且，如果真是这样的话，这个爸爸好虚伪，跟这种人过日子好累！因为他做什么事都要绕弯子，说什么话都是出题目！所以，我们最好相信，我们只该相信：爸爸将雨衣给妈妈是一种不假思索的行动，是一种自然情感的流露。问！你们觉得爸爸做得对吗？或者说，如果你是儿女中的一个，你同意爸爸这样做吗？”

“我同意！”朱翔宇说，“我是男生，保护姐姐和妈妈是我的责任。爸爸应当把雨衣给妈妈。”

“或者姐姐！”教师补充道，“这是萨沙的意见。托尼亚呢？”

“我同意！”张悦媛站起来，“我很高兴爸爸把雨衣给妈妈。这说明爸爸妈妈相亲相爱。这是我的心愿。因为只有爸爸妈妈相亲相爱了，孩子才能是幸福的。”

“可是，母亲为什么又把雨衣给了托尼亚呢？”一语出口，教师便发觉自己在问车轱辘问题。如果在公开课上，这就是硬伤了！然而在自己班上，恰是这种随意散漫的车轱辘问、车轱辘话——日复一日，成就了教学环境的宽松与亲切。

“因为妈妈希望托尼亚把雨衣让给弟弟。”姚剑强说。

“弯弯绕！”“累不累啊你！”全班同学一起笑了。显然，姚剑强受到了韩玉琤的影响——尽管韩玉琤自己都放弃了那样的想法。

这也透出一个信息：一家子人，如果不幸有了一个凡事绷紧教育之弦的爸爸，就必定有一个惨遭同化的妈妈，还有一个或者几个遗传下这种“道德洁癖”的孩子。哪怕你自始至终都是憎恨这种教育狂的，然而憎恨也好，反抗也罢，都不过是从反方向发生的强力的渗透和污染。久而久之、多多少少，你也会变得和你所憎所反抗者面目相似。入鲍鱼之肆久而不觉其臭啊，这就是宿命，这就是环境对人的塑造。

“可妈妈是把雨衣给了萨沙啊！”一个孩子迷惑不解。

“可我们现在讨论的是原文啊！”教师回答道。

“哦，我要昏过去了！”几个弱孩子辛苦地呻吟起来，同时吃力地调整思维。

“文章可以有两个结尾。其一，就那么一件雨衣，在一家四口中间不断地推来让去；其二，萨沙将雨衣盖在了蔷薇花上。哪种结尾好？为什么？”

“书上的结尾好！”“盖在花上好！”“他们一家人都是保护弱者的强者。”“这样显得萨沙好可爱、好天真！”

“是啊，从写作角度来说，这是一个美丽的突围！”教师此话，学生一定听不懂。

“面对萨沙的疑惑，妈妈是怎么回答的？”这一问，就又回到课文。

“每个人都要保护比自己弱小的人。”

“要是你谁也保护不了，那你不就是最弱小的了吗？”

学生齐读。

“这样的回答包含了妈妈怎样的期待？”呵呵，影响还是发生了——好像教师也有点“教育狂”了。

“妈妈希望儿子能够成为强者，成为真正的男子汉！这种教育，就是要从小开始！”韩玉琤理直气壮地回答。

“妈妈的心愿实现了吗？”

“实现了。”

“理由是什么？读！”

萨沙朝蔷薇丛走去。他掀起雨衣，盖在粉红的蔷薇花上。滂沱大雨已经冲掉了几片花瓣，花儿低垂着头，因为它娇嫩纤弱，毫无抵抗能力。

“现在我该不是最弱小的吧，妈妈？”萨沙问道。

高天流云地兜了一圈，教学最终落到课文、落在了起飞的地方；高天流云地兜了一圈，教师自己都觉得有点累、有点昏了。好在文章的道理不是很深，好在所有讨论都是在“懂得道理”的前提下进行的。就这么着，因为晏楚芸的一番话，教学在课文和晏楚芸说的原文之间闪转腾挪。学生能跟几个跟几个，能跟几步跟几步吧。

二、沮丧

下课之后，立刻上网，查到的原文，让我目瞪口呆！

这时我才明白，为什么私心里一直对“四年级的萨沙”耿耿于怀。四岁和四年级——相差五六岁，在儿童那里，这是多么巨大的生理、心理和智力差距！所以，发问也好，为花遮雨也好——同样的行为，发生在四岁孩子的身上，是天真烂漫，栽到四年级学生那里，简直就是幼稚和做作。为什么做如此改动呢？大约是为了教育正读四年级的学生吧。然而，如果教师忠实勤勉地执行了教材意志，那么这种教育对学生产生的影响，就只能是一种倒退和弱化。

对比原文，除了变“四岁”为“四年级”的荒谬不经，课文可以挑剔的地方还有很多。比如“天气闷热”对全文意境的破坏；比如“应该”和“要”的重大不同：一是温婉的期待，一是严肃的律令；比如托尼亚—妈妈—萨沙的雨衣传递线路所透露的温馨自然的家庭气氛：姐姐懂事，母亲慈爱，弟弟天真，爸爸呢？大大咧咧，似乎不在雨中，又似乎被大家忘记——而这种忘记，恰是对强者的尊重。正如教师对于教材的挑剔，恰是对教材编写者最好的尊重。

“托尼亚把自己的雨衣给了妈妈，她不怕淋雨；而妈妈却又把雨衣给托尼亚，她也不怕淋雨。”

没有人可以责怪晏楚芸，责怪孩子不能把二年级读到的文章记得真切。然而啊！可惜了啊！我们的基于“晏楚芸的原文”的讨论热情已耗尽，面对“真正的原文”，教师已经没有了说话的兴致。教师也要昏过去了。

这便给了教师一个教训：以后每教一课，只要是名人名作，都要预先查到原文，然后确定在怎样的层面和怎样的程度上提及原文、投入感情。

这哪里是教师该做的事情啊——如果教材不是点金成石地胡改乱动，如果改写能让文本更儿童、更语文。

沮丧，自责，有遭愚弄的感觉。这就好比辛苦赚了血汗钱，来到超市要买你必需的商品，然而你全然不知架上货物的真伪优劣！不知怎的，工商部门的义务成了消费者的职责，作为普通消费者的你，要想得到货真价实的东西，必须成为鉴别假冒伪劣的专家。从西瓜是否注水到家电是否安全，都是老百姓应当掌握的消费常识。这叫什么世道？！一来二去，你对社会还有多少信心？一来二去，你的消费还有几分热情？

不得不警惕。然而总以警惕的眼光看待文本，教师的心态必定会变得晦暗狐疑。这种晦暗狐疑一旦传给小孩子，又必定败坏他们对于书籍的信任，对于学习的热情。所以，我辈要格外努力地学习、思考、辨别。

很难做。中国消费者难做。中国语文课难上。

附：

妈妈，我不是最弱小的

［苏联］苏霍姆林斯基

一家人到森林中去：父亲、母亲、五年级学生托尼亚和四岁的萨沙。

森林里是那么美好，那么欢快，孩子们的父母让他们看看盛开着铃兰花的林中旷地。林中旷地附近长着一丛丛野蔷薇，第一朵花开放了，粉红粉红的，芬芳扑鼻。全家人都坐在灌木附近。父亲在看一本有趣的书。突然雷声大作，飘下几滴雨点，接着大雨如注。

托尼亚把自己的雨衣给了妈妈，她不怕淋雨；而妈妈却又把雨衣给托尼亚，她也不怕淋雨。

萨沙问道："妈，托尼亚把自己的雨衣给您，您又把雨衣给托尼亚，托尼亚又把雨衣给我穿上，你们干吗这样做呢？"

"每个人都应该保护更弱小的人。"妈妈回答说。"那么，我干吗又保护不了任何人呢？"萨沙问道，"就是说，我是最弱小的人？"

"要是你谁也保护不了，那你真是最弱小的人！"妈妈笑着回答说。

他朝蔷薇丛走去，掀起雨衣的下部，盖在粉红的蔷薇花上。滂沱大雨已经冲掉了两片蔷薇花瓣，花儿低垂着头，因为它娇嫩纤弱，毫无自卫能力。

"现在我该不是最弱小的吧，妈妈？"萨沙问道。

"是呀，现在你是强者，是勇敢的人啦。"妈妈这样回答他。

4月21日 / 星期一 阴

多么漂亮的一束礼花

亲爱的国防科大附属小学一年一班的孩子们：

你们好！

哦，真是很长的一句问候啊。可是，再长的问候也比不上我对于你们深长的喜爱。所以，请允许我再说一次，请你们的刘老师给你们再念一次："亲爱的国防科大附属小学一年一班的孩子们，你们好！"

孩子们，等你们升到了中高年级，你们擅长写作的刘老师一定会告诉你们：真正的写作其实都是真诚的对话。所以，此时此刻，看云老师感觉自己就在你们中间，就站在你们的教室里——跟你们面对面地说话，说你们一年来用稚嫩的声音背着的《日有所诵》，说你们半年里用稚嫩的小手写出的童谣儿歌。

放在电脑旁边的，是刘老师在上海送给我的《童心之花》。3月23日以来，这些作品我已经看过很多遍了，这些名字我已经觉得好亲切。

吴玉晗、邓达理、李益帆、谭梦娇、肖浩、戴盈佳、王冠南、余晨萧、黄山石、何陟昊、庾晨炜、全盛、刘昊、滕睿、杜俊翔、欧阳寒冰、陈沁怡、黄天瑞、曾晨宇、黄卓琳、潘奔、贺思睿、蔡卓妍、吴睿谦、毛西子、梁育凡、余熙林、孙楚翘、欧阳星云、陈泓州、杨洲、李治江，还有豆豆妈妈、昊昊爸爸、昊昊妈妈。

哦，多么长的名单，多么大的成就！让不知情的外人觉得麻烦无聊吧，我知道你们是喜欢听见、喜欢看见的！我就是愿意把这些好听的名字一个一个敲打出来，我就是希望自己能够记住这些名字。这些名字带给我温暖和鼓励，也让我觉得羡慕和嫉妒。因为刘老师比我做得好，因为在看云老师的一年级，是“嘣”不出这么漂亮的礼花的。

雪人雪人我问你，哪里来的好身体？
不穿棉衣不戴帽，整天坐在雪地里。

雪娃雪娃胆子小，太阳出来就想跑。
跑呀跑呀跑不动，急得眼泪啪啪掉。

红气球，黄气球，
好像一群小蝌蚪，
蓝天上面游啊游。

小鸭子，嘎嘎嘎，哭着喊着找妈妈。

妈妈妈妈你在哪？千万别把我丢下。

黑黑的天，

黑黑的云，

黑黑的风，

嘣——

钻出一个大礼花！

2007 年 4 月以来，看云老师讲的都是自己的班级故事、自己学生的作品。今后再有这样的讲座，我会给台下的老师、同学和家长讲你们的故事、念你们的作品。对于看云老师来说，这是很幸福、很光荣的事情。

为此，我要感谢你们。

孩子们，请记住：你们、你们的刘老师，还有你们的爸爸妈妈，真的很了不起。

《童心之花》，多么漂亮的一束礼花啊，它可是来自遥远的长沙！

再次谢谢你们！

祝你们健康快乐每一天！

你们的朋友：看云老师（薛瑞萍）

2008 年 4 月

4月23日 / 星期三 晴

另一种海鸥

一

专家的报告头头是道，数、英老师的教导殷勤恳切。大约各位耳朵和大脑已经都累得不行了。寒窗枯坐真是辛苦，小小学童真是不易。担负着64个孩子的教学和教育工作的教师——我们真是更辛苦、更不易！

让我们休息休息，放松放松。

（听歌，恩雅的《可能》。讲述图画书《小黑鱼》。）

上周是学校教学开放周。星期四那天，几位母亲走进教室，听了我们的读书课，还听了恩雅的《可能》，李欧·李奥尼的《小黑鱼》。课后，那些母亲很激动。她们的激动，我能理解。各位，作为普通工人、普通农民，如果不是在这里，在孩子的课堂、孩子的家长会上，我们一生能有几次这样的经历？——64个人同在一室，同听一首歌，同看一本书的经历。

教师是爱音乐、爱书籍的，然而独自享受的快乐，无论如何也不能与师生同听一首歌、同看一本书、同诵一首诗的幸福相提并论。因为一班人一起沉浸于同一美好事物的感觉，就是一群小鱼游成一条海洋里最大的大鱼的感觉。

对于儿童来说，这种感觉如果足够充沛、足够有力，如果这种感觉是他日常生活的一部分，那么儿童今天在教室听到、看到、享受到的一切，都将作为饱满的种子、优质的煤炭埋藏在儿童生命的深处。

将来，当机遇来临，种子会生根发芽长叶开花；将来，当他们身处黑暗寒冷的环境，煤炭自会燃起熊熊的火焰——他们将靠自己的光明和热力，驱赶黑暗和寒冷，战胜黑暗和寒冷。

世界上的竞争是残酷的，未来的道路是坎坷的。再怎么不放心，我们也无法陪伴和监护孩子一辈子。

在今天，我们唯一能做和应当做到的，就是为他们多播些饱满的种子，多贮些优质的煤炭。这些种子或煤炭的特质，就是健全优秀的人格特质。具体说来就是感受美好事物的能力，与人团结协作的能力，还有睿智、勇气和爱心——这种健全优秀的人格特质都是儿童的人生之路行得稳健的可靠保证。这是比分数更重要的事情，这是不少父母以自己有限的条件和能力在家里较难做到的事情，这也是教师自认为第一要做的事情。

不知不觉四年将过，恐怕孩子自己也记不清在班级里听过多少音乐、看过多少绘本、诵过多少儿歌童诗古诗了。这一切，都是在完成教学任务的同时进行的；这一切，都是在规定的课堂教学时间里完成的。

期中测验语文考试情况分析当天就发到网上了。也许，有的家长送孩子上学，只想要一个不错的分数。可是今天，在期中考试总结会上，教师绕开分数苦口婆心说这么多，教师的用意——教师一直的用意——教师对儿子和对学生一样的用意，大家能够理解吗？

有两种海鸥。一种把飞行当作觅食的手段，因此，竞逐的范围主要在海岸边的船舷，争食的目标主要是水手施舍的零食。另一种海鸥却只把飞行当作飞行，因此等它把飞行的技术练习到可以飞得最远也是最快的时候，虽然没有把觅食放在心上，但它却可以享受到内陆与远洋的山珍海味。

二

我有一个朋友，是中学历史特级教师，叫魏勇。他写了一本书，叫作《用思想点燃课堂》，我认为不仅值得所有教师读，也值得所有拥有了或者希望拥有教育学素养的家长阅读。读了这样的书，至少你的孩子将来不会参与围堵家乐福这类祸害社会又祸害自己的蠢事。

魏老师的日常工作就是研究高考命题走向，保证学生取得很好的应试成绩。在这方面，魏老师可谓成绩卓著，可是他说：“然而我觉得只是这样做让我觉得耻辱。因为这样做了，虽然我的学生可能考上了他理想的大学，然而他的未来我却不负责了，他的精神走向我却不去管了。给应试教育打个不确切的比方，就相当于商家生产了产品却没有售后服务。我只管把产品卖出去，至于你在使用的过程中产品质量如何我不管了，未来应该由他们自己负责。但是，学生一辈子重要的并不仅仅是读大学这件事情，他对人生的看法，对社会的看法，如何思考问题，我们在中学里面是不是应该做一些准备？”

如果中学老师没有给学生一个开阔新颖的视角，那么学生怎能适应大学生活呢？魏老师举例说：“我的一个 2005 级补习班非常优秀的同学，她考进了人民大学。她在我们学校读书的时候是老师的掌上明珠，她是可以上北大的，但是她是农村的，她怕分不够，为了安全，她降低了一个档次。她去人大一个月以后，在半夜 12 点的时候给我发了一条很长的短信。就一个中心内容，她想退学。为什么？她觉得太自卑了，太难受了。她觉得那些同学那么优秀，有的是钢琴十级，有的是篮球特别厉害，有的是英语考过了六级，总的来说，她的同学所谈的话题使她觉得很自卑，她被冷落了，让她觉得反差很大，她很失落，所以她想退学。这种情况的出现，我觉得是我们中学老师没有尽到责任。”

魏老师教补习班只有一个目标：高考。尽量不讲与高考无关的东西。所以人民大学的那个女生从魏老师这里得到的东西只有分数。可是在高一、高二讲课的时候，除了讲考试的东西，魏老师还讲一些自己的见解。

魏老师同时教的一个应届学生，考取了北师大，也给魏老师写信，说自己在寝室里面是老师，其他同学的知识都没有她渊博。她在魏老师课堂上获得的东西，让她在同学中得到了尊重，根本没有从一个西部城市里来的学生的那种自卑。

读着魏老师的书，教师既高兴又难过。高兴的是在升学压力重于泰山的高中，也有这样为孩子一生着想的老师；难过的是这样的历史老师我儿子没有福气遇到。想想也没有什么可以抱怨的，因为像魏老师这样的高中历史老师，全国能有一个，就已经是很不容易了！

回头再说自己，教师之所以在小学六年里，坚定不移地带着孩子诵读、阅读、听音乐、看绘本，就是考虑到：在中国，等升到中学，绝大多数孩子将没有时间、没有精力进行自由充分的阅读。一个人对阅读的兴趣，对美好事物的热爱，必须在童年培养——只有童年能培养。如果孩子从小获得了对于阅读的热爱，那么将来再怎么沉重的考试压力，也不能阻挡他们对于自我发展的追求、对于开阔世界的向往。只要愿意，他们总能挤出时间阅读。何况，儿时大量的高品位的阅读所奠定的开阔的智力生活背景，必将使孩子将来的学习比别人轻松很多。

在今天，即便是小学，也开始统考了，也开始给班级——其实就是给教师按考试成绩排队了。面对这样的压力，教师坚持建立班级书库，坚持建设书香班级是需要勇气的。教师的勇气来自哪里？一是来自教师自己对教育的认识，二是来自学生幸福的表情——那种幸福的表情，对教师也是滋养。从中，教师真切深刻地感受到自己工作的价值、生命的价值。

三

除此之外，教师还需要各位的支持。

做任何一件事情，一要钱，二要时间。一年级以来，“日有所诵”，“共读一套”，购置班级共用读书，印制家长学生日记汇编，为孩子订阅杂志……只要孩子需要，只要教师倡议，基本都能得到各位的支持，为此教师要向大家表示感谢。

比钱更值钱的，是课堂教学时间。课堂教学是孩子一天学习生活中的黄金时段，如何做到既能扎扎实实地完成教学任务又尽量开阔丰富儿童的视野，这是教师终年琢磨的事情。但规定的课时就那么几节，无论教师怎么努力，教学也只能面向全班。

学生，尤其是学习能力弱、学习自觉性差的孩子，他们需要的是一对一的帮助、督促，乃至监督和惩罚。这一条只有家长能够做到、应该做到，这一条教师无力做到也不该做到。

教师能做和该做的就是：再三再四，通过开家长会、通过布置家长作业、通过电话、通过邀请你们来校等方式，和家长交心，向家长提建议。剩下的一切，全看孩子父母的啦。

每一课的生字词和“读读背背”必须过关；课后要求背诵的内容和重要笔记必须烂熟于心；日记一定要符合质量和篇幅的要求；“日有所诵”“会背”的签字要真实负责——小黑板上的这些，就是需要家长督促孩子完成的语文基本任务。

如果孩子自觉，这些事情对你来说等于不存在。如果孩子不自觉，那么，你就会比别的父母辛苦很多。督促孩子完成基本学习任务，是家长的起码责任。教师无法做到一一检查过关，也不应当做到一一检查过关。如果教师把应该由家长完成、应当在学生家庭内完成的事情，揽到课内、揽到自己身上，那是对宝贵的课堂时间的浪费，也是对教师精力的不珍惜；是对不自觉孩子、不负责家长的纵容，也是对自觉孩子、负责家长的不公；是真正的奖懒罚勤。

没有一个教师是全知全能的，没有一种教学方式是适合班级里每一个孩子的。每一个教师奉献社会最好的方式，就是做好自己擅长的事情。而不是强己所难，在自己不擅长的事情上白白消耗自己和学生的生命，白白造成自己和孩子的痛苦。

作为一个思想活跃、眼界高远但耐心不足的人，我所擅长和热爱的事情就是激活儿童思维、拓展儿童眼界、丰富儿童心灵、强健儿童胃口。所以，教师明智的选择应当是：将宝贵的时间、精力和热情投入在意义更深和作用更广的事情上，投入到家长想做却不能做的事情上。

那就是，把世界带进教室，为使孩子成为深海里的小黑鱼、海面上的另一种海鸥而努力。

每一次开家长会，教师都会准备很久。今天的讲话，是我交给你们的作业。讲稿将在会后发给你们。

至于你们的作业（四年级下学期学生家长日记汇编），《小黑鱼》稿件的交稿时间和交稿方式，小黑板上已经写好，我们照例行事就是。

特别感谢本学期坚持写教育周记的父母。这些格外幸福的孩子是：鲍秉轩、宋振亚、高陈、李旭冉、叶少华、魏鹏、李自成、胡婧怡、郭乐、马建、李志成、王园园、马静婷。魏鹏是四年级才转来的，父亲跟得最紧，所以孩子进步得也最为突出。

另外教师还想说说李想。上学期的家长会上，父亲知道了孩子成绩为班级倒数第一，于是他在《桂花雨》稿件中表达了自己的忧虑及与孩子一起奋起直追的决心。家长李孝奎可不是说说而已的。之后，教师在李想的日记中读到："爸爸规定我每天早起半小时背书读英语。每天检查我的作业。错了重做！字难看重做！还天天给我的作业签字，感觉就像明星在给粉丝签名！"从那以后，李想最大的进步就是字变得漂亮了！这说明家长看孩子作业了，家长对孩子的书写有要求了。

到现在为止，我们班上还有两个同学，写的字根本没法认。试问，如此天书，一直写下去，一直写到完全定型不能改变，将来到了中考、高考，到了必须用手写方式呈现自己知识水平的时候，他们和文盲有什么不同？

日复一日，作为父母的你们都没有看见，或者视同不见，让教师怎么办呢？所以，请各位家长在向教师——向负担着64个人的教学和教育工作的教师提出要求之前，先问问自己：关于家庭教育，教师苦口婆心说了那么多、那么久，我醒悟了吗？对我唯一的孩子尽心尽力了吗？

如果答案是否定的，请免开尊口！如果答案是肯定的，不必你开口，该给孩子的关注与鼓励，教师自然送到。

再次谢谢大家！

四（2）班班主任：薛瑞萍

2008 年 4 月 23 日

4月28日 / 星期一 晴

一次完美的野餐需要什么？

小黑板上写的是：

艾特熊和赛娜鼠：去野餐

（文·图/［比利时］嘉贝丽·文生　翻译/梅思繁）

“呵呵，梅思繁啊！”他们笑了。他们交头接耳——他们读过《女儿的故事》。

“知道什么叫野餐吗？”

“知道！”当然知道。

“一次完美的野餐需要哪些条件？”

“很好的天气。”“很好的风景。”“和朋友在一起。”“很多好吃的东西。”“最好再带上一些好玩的东西。”“野餐的地方有花有树还有动物。”“还有那里不能有咬人的虫子。”“结束了要把丢下的垃圾收拾干净。”

“风景可以是平常的，只要空气清新就行；食物可以是普通的，哪怕只有馒头和白开水呢！所有这些条件中，最不能含糊、至关重要的两条，两条！是什么？”

“很好的天气。很好的朋友！”孩子们异口同声。

朗读开始了。其实，这套画面不够阔大醒目的图书，并不适合以我们这种原始的方式在教室里朗读。《艾特熊与赛娜鼠》画面之细腻温馨，笔法之传神简练——尤其是艾特与赛娜之间似有看不见的线牵连、交流、传感、互动着的脉脉温情，若非手捧指摩，根本无法感触、不能体察。所以今天的讲述，基本就是听故事。好可惜！

教师连读带演，努力用声音和动作传达出全是对话的文字无法表达的情境。准备阶段不知餍足的兴致，临睡之前无法按捺的欢悦，艾特替雨天所抱的真诚歉意，赛娜鼠因失望而起的冲天怨愤。“要是我们假装天没有下雨呢？”急中生智的大熊真是格外宽厚又格外自得啊。“哦，对呀，艾特，对呀！”瞬间转怒为喜，小鼠可谓神气至极也娇憨至极。雨伞、雨衣、太阳帽，一大一小行走在众多惊讶的目光中；树林、帐篷、美食，他俩在只有他俩的野地里尽情消遣。林主人出现了，先是粗暴地驱赶，继而好奇地询问，然后坐下喝茶；归去的时候到了，艾特与赛娜应邀来到林主人家。满堂喜乐融融，满堂美酒飘香——“干杯！”

多完美的野餐！多浪漫的郊游！

“使野餐能够实现的原因是什么？”

“艾特熊他好聪明。”“赛娜鼠她非要野餐不可。”“艾特熊不想让赛娜鼠失望。”“林主人比较容易被说服、被感动。”

“使得这次野餐与众不同、格外浪漫的原因是什么？”

“雨。”“这是一次雨中的野餐。太不同寻常了！”

“‘要是我们假装天没有下雨呢？’这是一种说法，‘就让我们冒雨野餐吧！’这是另一种说法。两种说法都可以让野餐在雨中进行。两种说法有什么不同？”

“书上的说法，也就是艾特熊的原话更好。那样的话，明明没有太阳，他们也觉得有太阳。于是他们就可以戴着太阳帽、太阳镜出门了，就可以玩得更有趣、更开心了。”

“开始的时候，我们讨论过，一次完美的野餐，最不能含糊的两个条件是什么？”

“很好的天气。很好的朋友。”

“雨中野餐是否具备了两个条件？”

“具备了！”

“为什么？明明是雨天啊！太阳在哪里？”

“在心里！”

“是的。太阳在心里，在艾特和赛娜充满爱意、充满快乐的心里。爱，是世界上最真实、最温暖的太阳。”

爱是世界上最真实、最温暖的太阳。对艾特来说，太阳就是赛娜。沉睡的智慧与幽默，因了赛娜的依赖而被激活点燃；固有的憨厚，因了赛娜的映照而深挚灵动。对赛娜来说，太阳就是艾特。童年是一朵娇花，唯有爱的阳光能使其灿然绽放。而使其绽放的那一个，也成为一朵花了。

不信你看，到最后，连粗鲁的林主人不也加入进来、绽放开来，成为一朵飘香之花了吗？

4月30日 / 星期三 晴

圆 满

“下周一读书汇报，谁报名？”

纷纷举手。根据新人优先、保证效果的原则，教师一边斟酌，一边点将。学生呢，学生心中也有一杆秤，学生也在斟酌。

“薛老师，让李玉雯上吧，俺俩这次就不上了。”李自成放下手臂，指着正前一排的小胖姑娘——替同座表现高姿态。

“就……就让李玉雯吧。”李智炫附和道。

“李玉雯？她也读过了呀。”教师有些不解。

“可她上次读得不好，老师你没有表扬她。就再给她一次机会吧！”李自成又说。呵呵，孩子的记性可真好。

“李玉雯，听见没有？希望你好好写、好好练。千万不要辜负同学的一片心啊。”

“千万不要辜负同学的一片心啊。”又是李自成，简直热心得有些烧包。

“嗯！”李玉雯甜笑地答应着。

“叶少华，还有——就你了，郭乐！你俩有些日子没登台了。”教师如是安排，也是为了确保活动的精彩度。“还有一个是谁呢？”

“周子善！”几乎是全班一起喊，“上次他也举手了，老师没叫他！”哈哈，孩子的记性可真好啊——教师甚至嗅出了监察的味道！

“周子善，就你了！”

“周子善，加油！”教室里响起一片鼓励。

需要鼓励的还有周勇和金花。随即给周勇打电话。“有五件事。一、《小黑鱼》稿件全班你家第一个交来，表扬！”

“谢谢！谢谢薛老师！”

“二、家长会以来这五天，周子善完成作业情况和听课状态都有进步，表扬！”

“谢谢！谢谢薛老师！”

“三、假期一结束，回来就测验。三天里，希望你们带他好好复习第五单元。”

“一定，一定！”

“四、下周一早自习，周子善将登台做读书讲演。你文章不错，望你三天里帮助他把读后感写好，并且督促他把稿子读响读熟。全班都等着他的出色表现呢。”

“是吗？周子善自己要求上台了吗？薛老师，最近一些日子，他确实老抱着一本书看来着。吃完饭看，睡觉前也看。是什么书呢？我也不知道！”

“这就是你的不对了！你有钱给孩子请家教，怎么就没心关注孩子阅读——扶助孩子靠自己的力量走上一条爱读书、爱学习的路呢？

“第五，下周一早晨，给周子善穿干净整齐了，让孩子漂漂亮亮地登台讲演！让老师把奖品发给他，让同学把掌声送给他！”

“一定一定！我保证做到！”

叶、郭是完全不用操心的，李玉雯是无论如何也会有所进步的，周子善已经交代给家长了。所以，在我看来，四天之后的读书汇报，到我放下电话的那一刻——已经圆满完成。不管到时候他们讲什么，讲得怎样。

但问耕耘，莫问收获。教育的圆满在耕耘，不在收获。

今天 4 月 30 日，5 月 5 日下周一。这就是我的关于 5 月 5 日读书汇报的总结。

5月 May

默哀的课

5月5日 / 星期一 晴

学生持续的阅读热情从哪里来?

衣着整洁，姿态从容；声音响亮流利，文章生动感人——想过周子善今天会有很好表现，没有想到周子善今天会有这么好的表现。四个孩子，他读得最好，赢得的掌声也最多。这是关于哥伦布传记《无畏探险》的读后感，洋洋洒洒五六百字——结合自己的艰难困苦的学习体验，写得真挚朴素，简直就是孩子的肺腑之言。

之所以说“读得最好”，之所以说“简直就是”，因为教师不能确定如此漂亮的习作，真正出自孩子之手的内容有多少。

即便是父亲找来范文，令儿子工工整整抄到日记本上，三天里反反复复演练，才有了今天的精彩三分钟——对于周子善来说，也是很实在的学习。再说，为了找到契合孩子情形、读起来没有漏洞的范文，周勇也须费心很多。更不要说三日里一遍遍地听读陪练，这就是实实在在的亲子共读啊。在这一准备过程中获得进步的，是孩子，也是父亲。当然，讲演成功之后，得到激励的还有教师和同学。

为了鼓励弱孩子，教师自然特别留心他们身上偶现的闪光点，一次次期待将一星微弱的小火拢住、吹旺。即便如此，奖励也不能过分大方和随意，奖励也必须在他们付出努力之后才给予。各人禀赋不同，我们应该鼓励的是孩子付出的努力，而不是成绩本身。

今天发第五单元试卷，99分的有不少，教师却让大家把掌声送给了骆梦如（98）和李想（83）。个中原因，四（2）班的孩子个个明白。教师应当努力的方向，不是让所有人都达到什么分数，而是让所有人都喜欢学习——对于部分孩子来说是不那么仇恨学习。当这一目的达到的时候，分数自然也水涨船高啦。

针对弱孩子的廉价的、泛滥的奖励，不仅在弱孩子身上不能达到预期目的，而且对其他勤勉的孩子也会造成伤害。

当奖赏贬值、鼓舞无力的时候，教师的威信和付出也就贬值、无力了。教室里的孩子，需要从他们敬爱的、强有力的教师那里获得源源不断的成长动力的孩子——也就丧失了一种重要的动力。这是需要警惕的事情。

最可笑的是，有教师为了教育（说“屈从”“讨好”其实更恰当），对于那些品行不端、表现恶劣的差生，居然委以重任，让他们担任班干部什么的。这真是所谓的“要当官，杀人放火受招安”！如果我是这个班级的优秀学生，我可以不介意教师随便给予弱同学的旨在鼓励和扶助的奖励，却决不能忍受来自品行令我不齿的同龄人的管理、管束。这是每个优秀的人不能承受的耻辱。

苏大师说，在涉及善恶的大是大非的问题上，教师一定要表现出强烈的爱憎——这将给学生留下深刻的印象。

回头，说读书。

如何让学生拥有持续的阅读热情？

第一，教师先做读书人。手不释卷，乐此不疲。哪怕教师读的是貌似和教学完全没有关系的《追寻逝去的时光》《百年孤独》。教师沉醉于阅读的精神状态，教师言谈举止散发的书卷气息，孩子是能够觉察、能够嗅到，渴望觉察、渴望嗅到，理应察觉、理应嗅到的。

刘月辰写道：“我们薛老师最爱书。薛老师简直就是为书而生的。她一辈子做的事情就是读书、教书、编书、写书——罚我们抄书！”书香班级没有放之四海而皆准的普遍模式，一切都需因地制宜。当教师发自内心热爱书籍的时候，适合班级的劝读、促读、诱读措施自然也就有了。

第二，阅读是个人行为。对学生来说，真正的阅读主要是在家中进行的。要想让（校外的、自主的）阅读成为班级的普遍风气，必须将读书的种苗播种在课堂、耕耘在课堂。如此根深蒂固，才能枝繁叶茂。所以，一定要把“读书课”固定到课程表内，让读书成为学生学校生活的一部分，让读书成为呼吸一样自然而有节律的事情。读书节、阅读日之类绚丽的活动，自然能给孩子留下难忘的回忆，就像农村孩子对于难得一次的西餐定然终生难忘。然而使得这孩子长得结实健壮的，必定是家常便饭——只能是家常便饭。

第三，班级一定要成为储量丰富的书库。每日在孩子中间流转着的好书，是班级精神成长清洁充沛的水源，也是学生家庭购书的有力指导。流水不腐，即便是那不爱读书的——我承认，我没有本事让所有的孩子都热爱阅读——身在这样清流潺湲、书香蕴藉的班级——他们将不易变得凶蛮、油滑、可憎。他们只是比较调皮而已。

第四，伸展教育的触角，捕捉一切可能点燃、触动、促进学生的教育契机。点燃学生，触动学生，促进学生。比如请张思凡奶奶随堂讲演，比如请周子善全家上阵精心准备一次精彩的读书汇报。更为可行和日常的，是捕捉孩子发言或者习作中显示其阅读成果的闪光点，大大彰显，大大赞扬。

第五，倡导亲子共读。调动一个是一个，以期教师在教室付出的努力，获得学生家庭的呼应。高陈母亲规定孩子每周必须从教师那里借书一次，并且过问借阅情况。这样的孩子，更易成为终身读书人。

5月6日 / 星期二 晴

能力越大，责任越重

为了教学《“生命桥”》，特意重读沈石溪的《斑羚飞渡》。对比《斑羚飞渡》，《“生命桥”》除了文字变动较多，故事情节也有三处删略：

一、“能一跳跳过六米宽的山涧的超级斑羚还没有生出来呢。”

二、镰刀头羊的领导作用及落单时从容赴死的慷慨。

三、生死攸关的紧要时刻，峰头出现了雨后彩虹。

“事后我想，镰刀头羊之所以在关键时刻想出那么一个挽救种群生存的绝妙办法，或许就是受了那道彩虹的神秘启示，我总觉得彩虹那七彩光斑似乎与后来发生的斑羚群的飞渡有一种美学上的沟通。”

个人以为，这段“事后我想”是败笔。首先，这种想法过分浪漫，削弱了斑羚飞渡的悲壮色彩；其次，这种想法过分随意，阻碍了读者对于飞渡原因做更多合理的自主的想象——从而也削弱了故事的张力和魅力。

对比《斑羚飞渡》，由于作者“我”的缺席，《“生命桥”》免去了不少内心表白和富有感情的叙述。在我看来，少了这些赞扬、惊讶和臆想，文章反而变得干净、质朴和富有感染力了。所以，教师且将《“生命桥”》当作一个完整自足的文本来上，不必顾及《斑羚飞渡》。

“生命桥”

有一个狩猎队，把一群羚羊赶到了悬崖边，准备全部活捉。几分钟以后，羚羊群分成了两群：老羚羊为一群，年轻羚羊为一群。一只老羚羊走出羊群，朝年轻羚羊群叫了一声，一只年轻羚羊应声跟老羚羊走到了悬崖边。年轻羚羊后退了几步，突然奔跑着向悬崖对面跳过去，随即老羚羊紧跟后面也飞跃出去，只是老羚羊跃起的高度要低一些。

当年轻羚羊在空中向下坠时，奇迹出现了：老羚羊的身子刚好出现在年轻羚羊的蹄下，而年轻羚羊在老羚羊的背上猛蹬一下，下坠的身体又突然升高并轻巧地落在了对面的悬崖边，而老羚羊就像一只断翅的鸟，笔直地坠入了山涧。

试跳成功！紧接着，一对对羚羊凌空腾起，没有拥挤，没有争夺，秩序井然，快速飞跃。顿时，山涧上空划出了一道道令人眼花缭乱的弧线，那弧线是一座以老羚羊的死亡作桥墩的生命桥。那情景是何等的神圣！猎人们个个惊得目瞪口呆，不由自主地放下了猎枪。

黑板上画着“以老羚羊的死亡作桥墩的生命桥”的示意图。对四年级学生来说，理解故事内容，感动于羚羊群的团结、智慧、顽强与勇于献身并不困难。在当时的情境下，对于羊群来说，相比于束手待毙，全部被捉；相比于各自跳跃，全部坠落——结对飞渡，一死换一生，保存年轻者，保存族群的未来和希望，是唯一和最佳的选择。理解这一点也不困难。

然后，扣住“应声”“刚好”“试跳成功”，扣住关键词句，做深入学习和体会。通过讨论，师生取得了三点共识：

第一，“刚好”绝非偶然，“刚好”其实是老羚羊用它全部的智慧、顽强与献身精神创造出来的生命奇迹。创造这样的奇迹需要丰富的经验、精密的测算、精准的飞跃、顽强的意志，还需要高度冷静的心态、自我牺牲的精神。也就是说，为达到这个“刚好”，最大能力与最大牺牲缺一不可。

第二，“试跳成功！”——对于族群来说，第一次成功的飞跃意义重大，这是行动示范，也是精神鼓励。之后，羊群之所以能够秩序井然地结对飞跃，它们的勇气和信心，盖源于一举成功且非成功不可的首跳。

第三，应声而出的年轻羚羊能够跃过悬崖，固然是靠老羚羊的牺牲，同时也是靠自己的优秀及对老羚羊的信任。这需要它对自己的能力、首跳的意义有明确的认识。应声而出其实就是关键时刻的挺身而出、脱颖而出。促使年轻羚羊“应声跟老羚羊走到了悬崖边”的，是对自身能力的自信，也是对责任的担当。以死亡换取年轻者的获救，第一个坠落山涧的老羚羊无疑是羊群中最优秀的一只；以成功的飞跃不负前辈的牺牲，应声而出的年轻羚羊必定是后存者中最优秀的一只。是这一老一小最佳者的最佳配合，使得生命桥得以成功架设。面对六尺宽的山涧，第一个献身的，必须是族群中的能力最大者。非如此不可。这是保存族群的必需，这是“自私的 DNA”的不可抗拒的命令。

“以后再遇到这种情况，年轻羚羊就都知道怎么办了。也许，老羚羊年轻的时候也遇到过这种情况，那时候它还年轻，那时候它也是这样被一只老羚羊送过悬崖的。”李旭冉比比画画地说。

“是啊，情况可能就是这样的。那时候追击羊群的，可能是猎人，也可能是猛兽。老师相信，在悬崖那边，在由年轻羚羊组成的新群体中，以后遇到这种情况，这只年轻羚羊一定会和那只老羚羊一样行动。为什么？”

“因为它最勇敢、最健壮、最聪明。”“因为它是踏着老羚羊的身体跃过悬崖的。”“因为老羚羊用生命教会了它该怎么做。”

“是啊，在群体中，能力越大，责任越重。”

5月12日 / 星期一 晴

私爱是必须的

书有两本，教师与心爱的弟子各执其一；一读一展，教师与心爱的弟子默契合作。艾特多么宽厚啊，赛娜何其娇嗔！韩玉琤一人担当的分角色朗读完成得相当精彩。边听边看，教室里不断有轻笑漾起——复归于安逸丰盈的宁静，像偶然掠过树梢的清风。这是夏天的润湿的早晨。透雨过后，空气格外清凉。阳光晴柔，草树把人心都浸绿了。

文字依然全是对话，素洁得好像艾特与赛娜的心境。醉人的温馨、无间的亲密——以橙黄为主色调的画面所传达的那份清淡与浓醇、简约与丰盛，文字是无论如何也不能表现的。这里且将故事说个大概。

奥杉树林是专门种植圣诞树的地方。在一片平铺的雪地里，只留下一棵弯弯的小杉树。可在赛娜看来，这一棵小树好漂亮！正是因为人们都嫌弃、都不要，赛娜才这么喜欢。

圣诞将至，艾特允诺可以满足赛娜所有的要求。“所有的，要什么都可以。”赛娜要和艾特一起到雪地里，到“我的小杉树”旁，过一个真正的圣诞节——只能是“我和你，就我们俩”。

艾特恳求赛娜再想想，换个好一点的想法；赛娜则央告艾特：“没别人，就我们俩，我求你啦！”

想象着给小杉树点蜡烛、披星星的情形，赛娜满意地睡去了。艾特却忙了几乎整整一夜，他给朋友写信，邀请他们24日10点到奥杉树林参加圣诞聚会，然后一起吃圣诞大餐；叮嘱朋友不要让赛娜知道，因为“我想给她一个惊喜”。

拉着雪橇，牵着大手——赛娜来到树林，奔向“我的小杉树”。蜡烛点起来了，篝火燃起来了。还有好美味的食物，还有好温暖的怀抱。然而，朋友们陆续来了，雪地里的圣诞节热闹非凡了。赛娜多么失望啊。好在艾特答应明天还要再来一次。“就我们俩，我保证！”艾特说。

圣诞大餐开始了，客厅里济济一堂。大人们（其实就是大熊们）轮流给孩子们（其实就是小老鼠们）讲自己小时候过圣诞节的故事。轮到艾特了，他拖着粗笨的舌头，说：“我小的时候……在我家里，圣诞节那天……”

客散室静，一地礼物。赛娜坐在椅子上，沮丧地打开一个方盒。那么大那么壮的艾特，他蹲下来，捏着赛娜细小的脚掌，说：“赛娜……我最美妙的圣诞节回忆，是从有你之后开始的，那些和你一起度过的圣诞节……明天，我们再回到你的小杉树旁边……就我们俩。”

第二天，这个抱着那个，并且拖着雪橇。他们又一次来到了奥杉树林。

学生都能理解赛娜。我不知道这理解是来自思考还是来自体验。那出于思考的，是聪明的；那出于体验的，则是幸福的。

爱是自私、专一的；而慈悲，则可以无分别地施给所有人。

事实上慈悲与钟爱并不冲突。而且，对大多数人（圣人也许除外）来说，钟爱——你从一个人那里获得的及你对一个人的钟爱，乃是你的慈悲得以长期保有的源头活水。“幼吾幼以及人之幼”说的就是这个理。

人之初，当我们还不能看见、不能听懂，所谓心灵，只是一团稀薄的星云，是母亲的乳房——只为婴儿而存在、只因婴儿而获得神圣意义的乳房，让我们无意识的心灵确认了世界对于我们的接纳和喜悦。

母乳给予婴儿的，是生长必需的物质营养，更是成长必需的灵魂滋养。那个时候，张嘴就能吮吸、伸手就能揉摸的母乳，是婴儿的全部世界。安全、可靠、柔软、温暖。人一辈子所需要的光明、温暖和力量——盖源于此。

还有抚摸，母亲给予婴儿的无数次遍及全身的抚摸。通过这些注满爱意的抚摸，我们确认了自己的身体，确认了自身的存在。继而从身体开始，一点一点获得了世界的空间感、自己的存在感。

一个幼时未曾充分享受专一母爱的人，一辈子都是稀薄、虚弱和不成形的。灵魂漂泊无依，身体漂泊无依。一个一辈子没有专一爱过一个人，一辈子没有被一个人专一爱过的人——灵魂漂泊无依，身体漂泊无依。

在情爱中，爱人是“一”；在儿童那里，双亲是“一”。多数人（圣人也许除外），都需经由专爱一个人并被一个人专爱，从而确信自己与世界的良好而可靠的关系，从而有激情、有力量去爱这个世界。这是人将母乳、母怀内化的结果。母乳、母怀，是我们和世界最初的、唯一而可靠的联系。长大以后，最初的、唯一而可靠的联系的延续——母乳、母怀的投射或替代，可以是爱人、孩子、父母，也可以是最好的朋友。有趣的是，他们可以同时是你的唯一。

关于艾特熊与赛娜鼠，我只知道艾特生活在社会底层，赛娜是被艾特收养的孤儿——这很粗略。恰是这种粗略，赋予读者更多想象的空间。你可以从中读到亲情、友情、爱情，也可以从中读到自己。

赛娜将自己的身世及自己与艾特的情感投射到了小杉树上，所以赛娜才会对那棵遭弃的弯树格外怜爱。艾特终于懂得了赛娜，所以关于圣诞节的故事，艾特对众人说的跟他对赛娜单独说的——完全不同。

“赛娜……我最美妙的圣诞节回忆，是从有你之后开始的，那些和你一起度过的圣诞节……”

第一次听读《雪地里的圣诞树》的日子已经过去一年多了，那时是在冬天。此刻，当我对着书页、对着暖融融的画面一字一词敲打出上面这些句子的时候，心头仍然涌过阵阵感慨。温馨中掺着莫名的心酸。

5月13日 / 星期二 晴

默哀的课

早晨第一节是语文课。

空气依然清凉。阳光依然晴柔。窗外的草树，依然翠到可以把人心浸绿。可是教师的心情却十分沉重。

“昨天下午，14:28，也就是我们这里的第一节课刚刚开始三分钟的时候，四川汶川，发生了8.0级强烈地震。为了看新闻，今天早晨，老师起得很早。昨晚和今早，老师都在收看有关地震的报道；昨晚和今早，老师都沉浸在巨大的悲痛中。这是一次猝不及防的强震，造成了严重的人员伤亡。刚刚在网上看到：一所学校，18个班，全部埋在瞬间倒塌的教学楼里，已经死亡学生300多人……”

一边说，一边板书“14:28”“汶川”“8.0”“18”——当写到“300”这个数字的时候，教师再也无法继续了。怎么克制也没有用。教师只好放弃努力，停止讲述。就这么站在讲台上，面对全班孩子，泪落如雨，泣不成声。

孩子们也跟着哭了。其实，他们中间很多人是知道这件事的。教师在课堂上的讲述，强化、凝结、提升了他们的感受。教师在课堂上的讲述，也使学生与这一事件的心理联系，由浅层的“知道”酝酿成一种深刻的“体验”。

沉默。大约一分钟后，教师出示小黑板。孩子们齐声念道：“为灾区人民祈祷，为死难同胞哀悼。”

“同学们，让我们为地震灾区人民祈祷，让我们为死难同胞哀悼。让我们集体默哀——全身心地，让自己沉浸在真诚的悲伤与祈祷中。”

全班起立。没有任何杂响。开始是肃静，接着起了轻微的抽泣。大约过了两分多钟，教师说：“默哀结束，请坐下。”

今天的教学任务没有完成。可是今天，孩子们的学习状态出奇地好。

默哀，也是重要的一课。没有人希望上“默哀的课”，可是，当悲剧、惨剧发生的时候，教师必须带领学生上这样的课。

5月21日 / 星期三 晴

也是看云的意义

一

上学期开始，“校讯通”进入学校，办与不办，全看家长意愿。教师，尤其是班主任，大多觉得这是帮助差生尤其是整治作业拖拉者的好办法。校讯通于是变成了“作业通”。

整个小学部，唯有四（2）班没有做这件事。

“老师，我想交钱，就给我们孩子办校讯通吧！”当教师因为作业拖拉而找家长谈话的时候，这样的请求更难拒绝。

4月23日家长会上，教师说：“如果校讯通用于发送作业，那么学生任务就成了家长任务；那么因此而完成作业的孩子，你又怎敢对其将来抱有信心？给家长发送作业就意味着：教师也好，父母也好，我们对孩子的自主能力及具备自主能力的可能性彻底丧失了信心。如此一来，所谓校讯通，从某种意义上说也就堵塞了孩子经过自我努力和师长惩教实现真实转变的可能性。

“再说了，每日作业，各科教师已在教室给全班布置过一次，班主任还要在网上给部分学生再布置一次，这就凭空增加了教师负担。记住并完成作业，这是学生起码应该做到的。做不到，就该为此承担责任、接受惩罚！这才是教育和挽救拖拉孩子的正途。所以，我宁可每天查出他来，让他补，罚他抄，也不每天给家长布置作业！”

家长会之前，电信公司给每个孩子免费配发考勤磁卡。办理了校讯通的，家长每天可以从手机上知道孩子到校、离校具体时间。没有办理的，教师可以从网络系统查知孩子到校、离校时间。我说：“其实这是一个诱饵的意思！如果你的孩子让你不放心，如果你想知道孩子每天按时到校、离校时间，当然可以办理校讯通。但这年费 100 元的校讯通，作用仅止于此！”

那些要求办理和准备要求办理的家长，于是都不作声了。

二

别班“作业通”的效果如何呢？一部分孩子转变很多，另一部分孩子情况照旧。于是教师额外收获到了一份对于家长的气愤。如果算上教师每天发送的工作量——总体来说，得不偿失。

这说明，希望校讯通实现作业天天清、个个清，是完全不可能的。

在我看来，在 64 个孩子的班级中，每天有 6 个，也就是 1/10 的人“忘记”或者少做作业，教师应当能够接受——心平气和地令他们补完作业，并罚他们抄书。

面对作业拖拉的孩子，怎么修炼，教师也很难做到心平气和。当“无明”之火蹿上心头，我问大家：“这些同学偷懒成功了吗？”“没有！”学生的齐答振荡并减弱了教师的愤怒。“现在，他们的任务反而更多了，对不对？”“对！”“这说明什么？”“他们特别爱学习！他们特别爱抄书！”学生齐声调侃。“多么难得啊！鼓掌！让我们用掌声表示由衷的敬意和向他们学习的诚意！”掌声雷动，笑声浪起。掌声与笑声中，教师非理智的愤怒涣然冰释。

今天张三李四，明天王五赵六，再小的班级，每天也有作业不交的。这很正常。能够让全班 100% 保质保量完成作业的超级教师大约是有的——看云不是，看云也从不打算是。

看云以为，明智的选择是：以平常心对待平常的自己、平常的学生、平常的家长。这才是真实的心平气和。绝不挑战极限，绝对不追求虚妄和令人窒息的 100%。参差不齐，是生命的自然状态，也是教育应有的自然状态。

譬如接到讲学邀请，同样的意思，来自手机短信或者电子邮件，我可以轻松拒绝；但如果来的是电话，是陌生然而恳切的声音，我就很难拒绝。所以，当孩子的学习或者其他方面出现问题的时候，教师宁可与家长面对面、话对话地交流。我喜欢电话。我以为偶然的电话，其效果远远胜过每日短信。

校讯通的蔓延和普及，正在加重这种机械化的程度，加快这种机械化的步伐。而教育的魅力，全在于它的农业味、人情味。

班上每个孩子都有一个名叫“今日作业”的小小记录本。对于屡教不改的家伙，我的方法是给他一个好孩子的电话号码，让其父母隔三岔五在电话里对照“今日作业”的内容检查；年终，买两本童书酬谢这位好同学。

然而，还是天天有人挨罚，还是天天需要修炼心平气和。因为家长有家长的事情，家长不可能天天查作业。至于天天清、个个清，就算是我自认无能、自甘无能吧，我从不打算做到。

教师的胸襟和能力，不在于是否能够彻底改变每一个孩子，而在于是否能够承认和直面自己的平凡、学生的平凡、家长的平凡——从而以非凡的包容之心接纳每个孩子——接纳并非全能、无法全能也不该全能的自己。

三

道理说了那么多，归根到底，拒绝办理“作业通”，一个重要的原因是：看云以此为累，看云不喜欢。人对于自己不喜欢的事情，哪怕是举手之劳，也是苦不堪言的。看云知道自己很“跩”。这种跩，一方面是因为看云所在的环境相对宽松，一方面也是因为看云的个人实力比较强大。

读了《为了忘却的哀痛》，玫瑰说：“有什么呀，我们那时候都这样！一心扑在班级上，哪有心思管自家孩子？”

鲁迅先生说：“从来如此，便对么？”

看云要说的是：“到处都这样，就更不对了！”

然而一个人的哀痛何其无力！

不能改变世界，就先改变自己。

这也是看云的意义。

5月28日 / 星期三 阴

第一次爬树

第一次爬树

施俊瑞

小的时候，夏天有个人因为天气太热了，妈妈又只让他一天吃一个冰棒，中午他吃了一个，可是过了几个小时，他又热起来，便跑到树下去乘凉，可是过了一会儿他还是觉得热。他想："在树下有一点凉快，在树上一定更凉快了。"他便想爬上树去。

他先用两只手扒住一根较大的树枝，再用脚踩着树干爬。可是，爬着爬着就滑了下来，好几次都是这样。最终，他找到了原因：原来脚蹬上去之后要用力地踩，如果不用力，人就会从树上掉下来。就这样，他攀上一根树枝后再找到一根较近的树枝踩上去。就算这样，一不小心他还是从树上滑了下来。他又爬上去，在树干的中间找到一根大树杈坐了上去。

坐在这根大树杈上，可以看到远处的风景，而且在这上面有一阵一阵的风吹过来，凉爽极了。可是，一阵大风吹过，那树就轻轻摇动，坐在上面的人仿佛感觉到树要断了似的。那人的心里突然有一种不可名状的惶恐，他感到了害怕。

那人其实就是我。

第七单元测试。习作题目为：写学一种本领或者第一次尝试做一件事的体验。学游泳、学烧菜、学骑车、学洗衣；第一次朗诵、第一次买菜、第一次当家、第一次登台表演……试卷上的故事可谓五花八门。其中最亮眼的就是施俊瑞的《第一次爬树》。虽然语句有点疙瘩，但那一股清新的村野气息还是令教师大为喜悦。

这个施俊瑞，在教师工作日志里已经很久没有露面了。可在讲座中，教师经常给同行和家长学说他二年级时自告奋勇朗诵“我写的诗歌”的情形。

一二三四五六七，
妈妈买了七只鸭。
我给小鸭起名字，
小一
小二

小三

小四

小五

小六

小七

一片哄堂大笑中，孩子镇定自若地诵完自己的得意之作《我给小鸭起名字》——其实，就是把任溶溶的《我给小鸡起名字》换了一个字。朗诵结束，孩子很得意、很敬业地鞠躬："谢谢大家！"临下台时，还丢下一句："我妈真的买小鸭子了！"

大约也是在二年级。家长会之后，"我妈"硬是关掉了生意不错的小卖部。回村！一心一意带孩子。"老师啊，我们商量了很久，我们彻底想通了。真的不能丢下孩子不管，真的不能父母都出去挣钱。挣的钱再多，盖的房子再好，要是孩子变油变坏了，通通都是白忙。后悔都来不及了！"这给教师带来很大的成就感。

今天，又把"诵诗"和"关店"的段子重说了一遍。老严、小安忍着听。没办法，所谓死党，一个必尽的义务就是：忍受朋友的车轱辘话！

5月29日 / 星期四 晴

积极的教育学

一、在非线性公司

1962年夏，马斯洛应邀访问非线性公司。公司CEO兼总裁安德鲁·凯邀请马斯洛来访的目的，是让《动机与人格》的作者亲眼看看“积极的心理学”在工业管理中的应用成果——在非线性公司，从公司经济效益到员工精神状态都发生了积极而深远的变化。马斯洛看到：在实施“优心管理”的地方，企业引以为荣的创造性劳动成果不仅是优质产品，也是好公民、好市民、好丈夫、好父亲，即爱世界也被世界所爱的，自我实现了的，完整、幸福的新人。

那个夏天，安德鲁·凯曾与马斯洛谈到了词汇。安德鲁·凯回忆说：“是的，我和他谈论过词汇，一般的英语词汇。我在1954年见过一位研究者，他的研究使我相信，如果一个人增加他的词汇量，也能大大地提高他的学习能力，使其提高10%~100%。他说是的，你提高一个人的词汇量，也提高了他对世界的认识。有一件事情是我许多年之后才发现的——不论到哪里，每次谈话我都是这样说的——词汇量越少，偏执狂倾向越高。想想吧，如果增加词汇量能提高一个人对世界的认识，减少词汇量就意味着他对世界缺乏认识。他实际上是一个盲人。”

CEO 兼总裁的地位使得安德鲁·凯容易将自己的理念落到实处。20 世纪 60 年代，非线性公司花了 80 万美元购置录音设备，开设词汇提高课程。企业如此费心费钱，只是为了增加雇员的词汇量！增加雇员的词汇量则是为了提高雇员的学习能力，改变雇员对世界的认识。公司相信，相比于领导人的卓越强干，提高全体员工的整体素质才是谋求企业竞争力的可靠途径。

寒假读《马斯洛论管理》，万万没有想到，在这本论管理的书中，居然读到“优心管理”企业对于提高员工词汇量的重视。由此，看云更加深刻地认识到人本主义心理学的一个基本观点：“人是完整的。”“个人是一个一体化的、有组织的整体。”

语言是存在的家园，童心是人格的雏形。日有所诵，广泛阅读，大声读给孩子听——我们以母语教学为名所做的一切，固然是为了提高儿童的语言接受和表达能力，同时也是为了让他们成为情感丰富、感觉灵敏、视野开阔、具有较强审美需求和求知欲望的——将来生活在高级需要层面的人。

二、阿格里丹鸡

达夫所做的关于优等鸡（阿格里丹鸡）的实验发现：优等鸡在一切方面都是优等的，即它们有更健康的羽毛、更健康的鸡冠，它们下更好、更多的蛋，它们体重更重、体格更强壮，它们优先啄食。在自由选择的情形下，它们会自然选择对身体健康最有利的食物。拿阿格里丹鸡挑选出来的食物去喂普通鸡时，这些普通鸡在上面提到的所有特征上会有某种程度的改进——它们的体重更重了，它们下的蛋更好了，它们啄食的排序进步了，它们有更多的交配机会……但它们永远不会在这些特征上提高到天生的优等鸡的水平——提高大约 50%。

什么叫创造性思维？所谓创造性思维，就是在大家以为风马牛不相及的事物之间发现联系。在达夫关于阿格里丹鸡的实验和关于出类拔萃的主管的最新文献之间，马斯洛发现了两者的相似之处，并且提出：应该迫使平庸主管模仿出类拔萃的主管的行为和态度，即使这不是出于他们的自我选择。然而，不要期待在平庸主管那里出现同样的管理结果，因为主管的自发人格才是至关重要的。所以，在强迫平庸主管改变管理方法的同时，必须告诉他们改变的原因，试图调动他们的自发性。

诵读（既指朗读，也指背诵）是深入阅读。在记忆、感悟和理解遇到困难的地方，诵读比默读更能拓展我们的能力——因而也更费神耗力。

古往今来，全世界所有民族的母语教学对于诵读的重视都是不言而喻、不约而同的。在我所认识、所知道的每一个具有卓越的语言接受和表达能力的人那里，诵读都是必修的基本功、童子功。

在当下，相比于儿童发展的需要，限于课本的诵读无论是文本质量还是篇幅数量都是远远不够的。在当下，关于语文教学的主张流派纷呈、乱人耳目——当此际，不告诉同行及家长童年诵读的关键性、重要性是不负责任的。

那些天生热爱诵读的人是幸运的阿格里丹鸡。教师要做的，就是让普通孩子也去“啄食优等鸡自发挑选出来的食物”——为他们提供优质文本；迫使加诱惑，软硬兼施地让他们诵读起来。

相比于让孩子喜欢阅读（默读），让他们爱上诵读似乎更加困难。在书香气息普遍稀缺的当下，普通的中国父母很难让孩子在家里自主自愿地读出声。于是诵读就成为教室里必须做的事情，于是教室就成为唯一可能培植诵读种子的地方。

三、星期一的早晨

星期一的早晨，李卓然朗读叶君健翻译的《丑小鸭》。早自习加半节课，大约40分钟。对于学生来说，真是一顿豪奢的美餐。

“这个蛋费的时间真久！”坐着的母鸭说，“它老是不裂开。请你看看别的吧。他们真是一些最逗人爱的小鸭儿！都像他们的爸爸——这个坏东西从来没有来看过我一次！”

孩子们笑。

到天黑的时候，他来到一座简陋的农家小屋。它是那么残破，甚至不知道应该向哪一边倒才好——因此它也就没有倒。狂风在小鸭身边号叫得非常厉害，他只好面对着它坐下来。

又笑。

要是只讲他在这严冬所受到的困苦和灾难，那么这个故事也就太悲惨了。当太阳又开始温暖地照着的时候，他正躺在沼泽地的芦苇里。百灵鸟唱起歌来了，这是一个美丽的春天。

忽然间他举起翅膀，翅膀拍起来比以前有力得多，马上就把他托起来飞走了。他不知不觉地已经飞进了一座大花园。这儿苹果树正开着花，紫丁香在散发着香气，它又长又绿的枝条垂到弯弯曲曲的溪流上。啊，这儿美丽极了，充满了春天的气息！三只美丽的白天鹅从树荫里一直游到他面前来。他们轻飘飘地浮在水上，翅膀发出飕飕的响声。小鸭认出这些美丽的动物，于是心里感到一种说不出的难过。

“我要飞向他们，飞向这些高贵的鸟儿！可是他们会把我弄死的，因为我是这样丑，居然敢接近他们。不过这没有什么关系！被他们杀死，要比被鸭子咬、被鸡群啄、被看管养鸡场的那个女佣人踢和在冬天受苦好得多！”

于是他飞到水里，向这些美丽的天鹅游去。这些动物看到他，马上就竖起羽毛向他游来。“请你们弄死我吧！”这只可怜的动物说。他把头低低地垂到水上，只等待着死。但是他在这清澈的水上看到了什么呢？他看到了自己的倒影。但那不再是一只粗笨的、深灰色的、又丑又令人讨厌的鸭子，却是一只天鹅！

只要你曾经在一只天鹅蛋里待过，就算你是生在养鸭场里也没有什么关系。

教室宁静。宁静的教室里只响着清澈激越的童音。在本班，李卓然的朗读原属一流，为了今天的朗读，李卓然已经准备了整整四天。清澈激越的童音在宁静的教室里诗意地响着，有如天鹅飞在碧蓝的天空。照例，教师在教室后面笔直地靠墙站立。这不是教师第一次全文听读《丑小鸭》，然而，当一颗热爱诵读的心因学生的诵读而激动——对于教师来说，这是多么大的幸福。在真正的教师这里，学生和自己是一体的。孩子的成长与飞翔，也是教师的成长与飞翔：

“当我还是一只丑小鸭的时候，我做梦也没有想到会有这么多的幸福！”

四、知新而温故

第七单元测验完毕，新课已全部结束。剩下的日子里，复习的同时，我们在课堂上做得最多的将是朗读。不论青红皂白，只管读起来！娑婆世界，耳根最利。你自己所发出的文学的、知性的声音，必将使你的胸襟和心智，发生实实在在的振荡、拓展和更新。

目前的朗读材料主要是《练习与测试》里的短文。其中名家名篇（及节选），如托尔斯泰的《麻雀》、梁实秋的《鸟》、宗璞的《黄河魂》、朱自清的《荷塘月色》……我们会读了又读。遇到生疏词语，会做适当解释；下画线，反复读。时间充裕的情况下，让他们抄写也是可以的。决不抱住教材热馊菜、炒剩饭。

“温故而知新”的道理人人都懂，在我看来，就母语学习而言，一样重要的是“知新而温故”。没有孤立的语文知识和词语意义。在根部、在深处，所有的优质文本，它们美好的形式和美好的内涵都是相通相融的。

在汉语词语中，存在一种潜在的、自动化的联想机制。热和闹、冷和静，天然地联系在一起。说“热”很容易想到“闹”，而说“冷”也很容易联想到“静”。红杏枝头的红色花朵，作为色彩本来是无声的，但在汉语里，“红”和“火”自然地联系在一起，如“红火”。“火”又和“热”联系在一起，如“火热”。“热”又和“闹”联系在一起，如“热闹”。所以红杏春意可以

“闹”。这个“闹”字，既是一种自由的、陌生的（新颖的）突破，又是对汉语潜在规范的发现。

这是孙绍振在《名作细读》中对“红杏枝头春意闹”的妙解，既新颖又令人信服。这让我天然地联想到广泛的、难度适宜的朗读对于深入学习的重要性。

在有些人看来，文章只有被当作课文或者试题对待的时候，深入学习才能发生。我的看法恰恰相反。被人指点着的时候，看不到树的全部；想着房产开发的商人，欣赏不到旷野的美。相比于课文和试题，不求甚解、没有压力的朗读，也许更能让孩子用自己的眼睛看见文章全部的美、用自己的心灵汲取文章甘甜的汁。朦胧而完整，鲜美而温馨。

在我这里，状态最好的教学时间从来都是用来朗读的。好文章舍不得不让孩子读，好时光舍不得不让孩子读。次一等的状态才用来讲解分析。当然，“状态”也不能总是顺其自然，调动是必要的。在我这里，最方便的调动手段便是音乐。上周开始，我们听杜聪的笛子独奏。整盘乐曲都改编自邓丽君歌曲。《小城故事》啊、《月朦胧鸟朦胧》啊——比起录音机，面包机的好处是可以自由选曲。我们专拣甜润、清新的曲子听。那种感觉，真如炎夏享受到了清风、甘泉和西瓜。

“还想再听吗？”

“想！”

“那就先让老师听见你们的好朗读。”

于是他们读《一代名相诸葛亮》：

三国时期，蜀国境内“刑法虽峻而无怨者”，很重要的一个原因，是蜀国名相诸葛亮严于律己、一身清廉。诸葛亮一生“抚百姓，示官职，从权制，开诚心，布公道”。

五年级就可以读《日有所诵》里的儿童散文了。到那时，我会带他们赏析吗？不知道。遇甚吃甚，逮啥读啥；想到哪儿做到哪儿，做到哪儿写到哪儿。这学期不知道下学期的事，行动全无计划。一切跟着感觉走，整个儿一头触鼻羊。这是看云的局限。

五、积极心理学

汉密尔顿、弗洛伊德、霍布斯以及叔本华根据对人类最坏状态进行的研究提出了人性理论。这就好比我们研究被迫乘木筏在大洋上漂流、没有水和食物、时刻受到死亡威胁的人们，并以此作为研究人性的主要途径。以这种方法，我们所获得的更多的是关于绝望心理学的知识而不是普通人性的知识。汉密尔顿是从贫穷、未受教育的人当中进行抽象分析和概括的；弗洛伊德则过多地从神经症患者中概括出一般；霍布斯和其他哲学家观察的对象是处于极为恶劣的社会、经济和教育状态下的民众。他们得出的结论不应该延伸到处于良好的经济、政治和教育状态中的人们。我们可以称此为低限度心理学或者残废心理学或者贫穷心理学，但绝对不是普通心理学。

对于马斯洛之前的心理学，马斯洛如此评价。马斯洛进一步指出：如果一个人专注于研究精神错乱者、神经症患者、精神变态者、罪犯、违法者、意志薄弱者，他对于人类的希望必然会越来越有限制，越来越目光短浅，越来越退缩。他对人的期待会越来越少。

如果我们对人类心理学感兴趣，我们就应该注意将自我实现的人、心理健康的人、成熟的人和基本需要已经满足的人作为研究对象，因为他们比通常符合一般标准或者正常的人更能够真实地代表人类。与目前的消极心理学，即研究病人或普通人而产生的心理学相比，通过研究健康人而产生的心理学完全可以被称为“积极心理学”。

回到母语教学的领域。我们已经知道了诵读是学习母语的最佳途径、基本途径，那么面对学习能力参差不齐的班级，决定我们教学策略的，应当是羸弱孩子的需要还是正常孩子的需要呢？

须知，正常儿童的现实需要，是羸弱儿童的潜在需要——正因为它是潜在而微弱的，所以更需要教师予以充分的满足和培养。孩子的自信力，往往来自教师的对待和暗示。当你“忽略”他们的羸弱，给予他们正常儿童的正常待遇的时候，便告知了他们：“这也是你所需要的。你行。你能跟上。”

我们看待现实的眼光决定了我们行动的方向，而我们的行动也终将决定现实发展的方向。求知、生长是人的本能。当你确信学生是渴欲成长的健康儿童的时候，他们更可能成为健康儿童；当你认定他们只能、只配终年在一本教材上耗尽心力的时候，耗尽心力——他们或许能够得到不错的分数，然而，他们将从内部患病。因为儿童追求新知、追求真实成长的基本需要遭到了挫折。让我们记住马斯洛的话：

> 当认知需要受到挫折的时候，很可能产生心理病态的后果：兴味索然、对生活失去热情、自我厌恶、压抑身体功能、逐步破坏理性生活和各种趣味等。
>
> 在那些新闻、消息、事实的来源被切断的国家，在那些官方的理论与明显的现实极相矛盾的国家，至少一部分人采取玩世不恭的态度，不相信任何价值，不抱任

何希望，甚至怀疑不言而喻的东西，丧失道德，人与人之间的一般关系发生深刻的瓦解，等等。另一部分人似乎采取了更消极的方式：沉闷、顺从、丧失主动性、丧失能力和与世隔绝。

6月 June

“破壳而出”

6月11日 / 星期三 阴

“破壳而出”

一

之所以要打引号，是因为题目是从学生那里拿来的。我很喜欢。

4月24日 星期四

破壳而出

学校演讲比赛终于结束了。我参加过后感到非常兴奋，因为这是我第一次在那么多老师面前演讲，声音又大又洪亮。我觉得今天自己就像换了一个人。在这里我要感谢薛老师，能够给我这样的机会，让我得到了锻炼。

为了克服说话声音小、不敢发言的毛病，我曾经尝试着举手回答问题，可是我每次都很紧张。这不，在薛老师的课上，薛老师叫我读诗，因为声音小，我又被罚抄书了。那感觉真是一会儿像在水里泡着，一会儿像在火上烤着，可焦急了。

在第二节语文课上，我暗自下了决心，一定要回答一个问题，而且声音还要大！课堂上，我勇敢地回答了问题，虽然回答错了，但是薛老师还是让全班同学为我鼓掌，我感到很光荣。于是，我一高兴，又回答了一个问题。

下课以后，薛老师检查作业的时候问我："大声回答问题的滋味很爽吧？"我点了点头："是！"

老师让我回去以后把今天的事写在日记里。如果写得好呢，就编在老师将来要出的书里。我听了以后，心里有一种说不出的高兴，因为我战胜了自我。

今天是我战胜自己的好日子，我会永远记住这一天的。我终于"破壳而出"了。

事情过去很久了，教师依然记得4月24日晚丁若琳母亲的话：“昨天中午，接到参加讲演的通知以后，她紧张得饭都吃不下去。我们一问，竟然哭起来了！她婆婆说，既然这么害怕，你就给老师打个电话，不参加算了。我说老师也是为丁若琳好。再说，老师又没有给她任何额外的负担和要求，把现成的日记《奥运火炬点燃了》朗读一下就行了。这有什么难的呢？这孩子也太脆弱、太胆小了！我们只顾说，丁若琳听着听着平静下来了。好好练习了一个晚上。今天上午放学回来，她好高兴！”

为了让学生开口说话，教师可谓软硬兼施、机关算尽。这学期，男生里的高陈，女生里的丁若琳有了一些起色。然而教师还不满意。那天，我在走廊上对另一个“闷葫芦”胡婧怡说：“丁若琳已经开口了，你有什么打算？”

“我……我以后也要发言。”

瘦小的孩子瑟缩着，声音和身体似乎都在打战。一瞬间，教师发觉自己错了。如此气势汹汹，如此虎视眈眈，也许会让“一个、两个”开口，然而代价却是让“大多、很多”丧失了安住于教室，沉醉于倾听，于无声处悄悄滋长的安全感、幸福感。心安理得地坐在教室里，心安理得地聆听师说，想发言就发言，不想发言就不发言——这原本是孩子的权利。也是教学、教育发生积极可靠的效果的前提。

胡婧怡在课堂上从不举手。可是在六一的赛诗会上——在她愿意的时候，孩子表现得多么沉着老道。还有，在文章中，叙述和议论起来又是多么头头是道。这些能力教师怎能视而不见？这些能力的来处，难道不全是安住于教室，沉醉于倾听，于无声处悄悄滋长的安全感、幸福感？为什么一定要逼迫所有的孩子都发言呢？教师这样做，究竟是出于儿童的发展需要还是自己的心理需要——或者对儿童需要的误判？

参透了，顿时有如释重负的感觉。从那以后，教师再不威逼孩子发言。差一点儿，我就把润泽的教室变成干爆爆、令人提心吊胆的刑讯室。

当然，对于发言积极、发言精彩的孩子，教师一如既往地给予赞扬和鼓励。一直以来，教师都不愿放弃“诱使”每一个学生开口说话的努力。

所以，4 月 24 日那天，也是教师“破壳而出”的日子。

二

6 月 4 日　星期三

妈妈让我写一首儿童诗，我独自沉思了好久，想出了一首以“假如我是……”为题的儿童诗。

假如我是一朵云，

我会让蓝天

更加美丽。

假如我是一棵树，

我会让森林

更加茂密。

假如我是一朵花，

我会让世界

充满香气。

这是一个个多么美好的愿望啊！一句句话语都寄托着我对世界的希望：白云悠悠、郁郁葱葱、鸟语花香。这就是诗里每一段所表现的愿望。

我喜欢比喻，我总能想象出许多美好的事物，这样让我很得意。我经常用比喻的手法来写一些诗。“假如我是……”其实有很多种东西可以写，我都省略了，挑选出了云彩、树木、花朵三种美丽的东西来写。我很高兴自己能写出这么美好的诗，我会将它们铭记在脑海里。

好了，今天就说到这儿了，希望你们喜欢我的诗，多提宝贵意见，这样就更好了，拜拜。

日记作者还是丁若琳。自吹自擂，自我陶醉。这是我第一次于学生日记中读到“写作谈”，觉得很有意思。这是一个新的开始、新的信息。燕子归时，树头第一粒芽苞探出脑袋，于阳光下大声赞叹自己孕育其中的那根树枝的伟岸。她根本不知道，自己就是一叶鼓胀的季候之帆；她根本不知道，冬去春来，更美更绚的风光与树色，将从自己开始。

于无意中，学生开始有意识地审视、玩味自己的写作了。这是四年级即将结束时，自然而然发生的事情。

突然想到“小石头”施俊瑞的《第一次爬树》。开头老打老实、疙疙瘩瘩，到后来越写越顺，越写越风雅。

> 坐在这根大树杈上，可以看到远处的风景，而且在这上面有一阵一阵的风吹过来，凉爽极了。可是，一阵大风吹过，那树就轻轻摇动，坐在上面的人仿佛感觉到树要断了似的。那人的心里突然有一种不可名状的惶恐，他感到了害怕。

多风雅啊。然而，风雅刚刚开始，文章就结束了！

你觉得可惜吗？你可惜于童心童言的自在、自如而不自知吗？要知道，正是因为这份不自知，所以才生机蓬勃，所以才韵味深长。这是童年的情趣，这是生长的美丽。于平凡岁月中时常领略这份情趣和美丽，这是职业赐予教师的特殊福分。

只要孩子愿意，他此刻便可飞上天去。

他所以不离开我们，并不是没有缘故。

他爱把他的头倚在妈妈的胸间，他即使是一刻不见她，也是不行的。

孩子知道各式各样的聪明话，虽然世间的人很少懂得这些话的意义。

他所以永不想说，并不是没有缘故。

他所要做的一件事，就是要学习从妈妈的嘴唇里说出来的话。

那就是他所以看来这样天真的缘故。

这是《孩童之道》里的话。泰戈尔的好处，你若知道，一字也不必说；你若不知道，说多少也是白说啊。

6月12日 / 星期四 阴

“老师，让我想想，让我想一想！”

一、朗读

端午放假，周一的朗读移至今天。

上午第二节课，“日有所诵”完成之后，鲍秉轩上台朗读《皇帝的新装》。

将这份殊荣交给鲍秉轩，一是因为他在六一赛诗会上获得一等奖，二是因为这孩子白白胖胖、笑眉笑眼，模样富态贵气得与中古皇帝颇相像。

四年级了，有谁不对“新装故事”早就熟悉了呢？何况这是一个多么令人快乐的故事。所以，今天的原文，学生听得既专注又惬意。

教师破例坐下。座位太小太挤，将小椅子拉至过道，双臂搭在两张桌子上，后背靠墙。

好舒坦，好享受！

许多年以前，有一位皇帝，他非常喜欢穿好看的新衣服。他为了要穿得漂亮，把所有的钱都花到衣服上去了，他一点也不关心他的军队，也不喜欢去看戏，除非是为了炫耀一下新衣服。他也不喜欢乘着马车逛公园。他每天，每个钟头都要换一套新衣服。通常，人们提到皇帝时总是说："皇上在会议室里。"但是人们提到他时，总是说："皇上在更衣室里。"

…………

"他并没有穿什么衣服！"有一个小孩子说他并没有穿什么衣服呀！

"他实在是没有穿什么衣服呀！"最后所有的老百姓都这样说。皇帝有点儿发抖，因为他似乎觉得老百姓所讲的话是对的。不过他自己心里这样想："我必须把这游行大典举行完毕。"因此他摆出一副更骄傲的样子，他的内臣们跟在他后面走，手中托着那条并不存在的后裾。

…………

薄阴的天气凉爽宜人，流利的朗读清脆悦耳。当最后一句落地的时候，铃声正好丁零零地响了。

二、讨论

下午第三节，《品德与生活》。上完课后，“让我们谈谈《皇帝的新装》吧。”教师建议道。

“那个皇帝好愚蠢、好可笑！”“还有部长和大臣。”“还有那些大人。”“全国的大人都被骗了！”

“老师，这个故事最好玩的地方是：为了证明自己是称职的、聪明的，部长和大臣都说看见了那块布，并且向皇帝汇报多么多么漂亮。明明没有看见却说看见了，这说明他们不称职；被人耍了，这说明他们不聪明！这还真是一块神奇的布！”如此赞叹着，李旭冉在空中画了一个大大的方形，比画起那块既存在又不存在的布，“它明明不存在，但它又存在。因为它真的能测试出一个人称职不称职、聪明不聪明。”

“想证明自己称职的，被证明不称职了；想证明自己聪明的，被证明不聪明了。所有的大臣无一例外，所有的大人无一例外。每一个人都说谎了。除了谁？”

“除了那个孩子。”

“‘可是他什么衣服也没有穿呀！’为什么那个男孩能够看出来、嚷出来，为什么只有那个孩子能够看出来、嚷出来？”

“因为只有孩子是诚实的。”“因为孩子才不管什么称职不称职呢！称职不称职，反正他都是小孩！”

“诚实？！为什么是诚实？为什么你们在称职和聪明之外说到了诚实？”

“不！我就没有说诚实！”朱翔宇大声说，“小孩子才不管什么诚实不诚实呢。看见就是看见，没看见就是没看见。当他这样喊的时候，和诚实没有关系！你就是打他骂他，他也不会改变说法的。小孩子就是这个样子的。”

“从大臣到皇帝到所有市民，大家齐声赞扬没有看见的新装，这是为什么？”

“想要证明自己既称职又聪明，害怕人家说自己不称职不聪明。”

“哦，可是朱翔宇却提醒我们：其实诚实和称职、聪明一样，都是别人对你的评价，都是我们希望自己能够得到的好评价。对这种评价的追求，都可能成为一种力量，使你说出不诚实的话，做下不诚实的事。在这个故事里，与所有的大人唱反调，独自发出真实的声音，指出皇帝什么都没有穿——孩子的力量来自哪里？孩子靠的是什么？是诚实、聪明还是勇气？需要这么多复杂而高级的东西吗？”

“什么都不靠！什么都不需要！他只是相信自己的眼睛！”邢虎威说。

“再问！是什么使得大人不相信自己的眼睛？”

“是害怕。”

“是谁骗了老部长和大臣？”

“是两个骗子。”

“是谁骗了皇帝？”

“是骗子和所有的大臣。”鲍秉轩说。

“哦，皇帝好孤独！皇帝好可怜！所有人都是胆小、愚蠢和虚荣的，可所有人的胆小、愚蠢和虚荣的后果却让皇帝一个人承担了！那就是——”

“穿着不存在的新装，光着身子满街走！”

“再问！这个皇帝怎么样？”

“好可笑。”“好可怜！”“还有一点点可爱！”“他也真够勇敢的了！”

“‘可是他什么衣服也没有穿呀！’听了孩子的喊声，大人们会有什么感觉？”

“是啊，皇帝真的什么都没有穿啊！”“恍然大悟！”

“就这些吗？还有没有了？”

“老师，让我想想，让我想一想！”韩玉琤举起双手，大声央求。教师笑。大家都笑。片刻过后，包括韩玉琤在内，很多声音说出一个词：“惭愧！”

“惭愧什么？”

“惭愧自己不够诚实。”“惭愧自己不够勇敢。”

“‘可是他什么衣服也没有穿呀！’孩子说出这句话，真的是除了自己的眼睛什么都不必凭借的！因为他是孩子，因为他还不曾懂得、还没有体验到：生活在人群当中，被孤立、被嘲笑、被抛弃、被惩罚的后果多么严重。可是，作为一个大人，一个说出实话可能遭遇孤立、嘲笑、抛弃、惩罚的大人，要在大家都说谎的时候指出一个简单的事实，那就需要什么了？”

“诚实和勇气！”“需要很大的诚实和勇气！”

“故事结局怎样？”

“从孩子父母开始，越来越多的人说出实话，并且笑起来！”

“他们笑谁？”

“笑光屁股的皇帝。”

“故事中的那些大人，他们有资格笑皇帝吗？”

“没有！”

“在座的我们，有资格笑皇帝吗？或者这样说：扪心自问，无论何时何地，无论后果怎样，我们都能说老实话、办老实事吗？”

“这很难做到。”“好像我们也没有资格。”

“有谁在自己身上看见了皇帝的影子？”

“我！”李旭冉说，“我虚荣，还有点胆小。这其实就是皇帝的影子。”

“我！”李宋杰说，“我小时候也喜欢光着屁股到处跑，一点都不知道羞。”

“哈哈哈哈！”“连问题都没有听明白，你还真的不知羞！”

三、思考

其一，关于滞后的讨论。一直以来，我们的朗读都是现读现议的。今天，偶因时间不够才将讨论延至下午。前所未有的活跃与火爆让教师突然明白：只读不议是可惜的，现读现议是急躁的。富有意义的师生对话，好比一场抛球游戏。潇洒地接住飞来的球，再以优美的姿势、适宜的难度抛过去，看见对方潇洒地接住，这是一种美妙紧凑的体验。

故事刚刚读完，文字和情节还没有在心里面沉淀，就急切挖出好的收获，这就像球还没有送到对方手里，对方还没有把球接稳，就跳着脚责备对方没能把球漂亮地传来；这又好比种子刚刚播下，还没有来得及生根，就期待看见花果。

我们都曾有过任务在晚上受阻但一觉醒来就豁然开朗的经历。构成人的心理活动，使得学习和成长能够完成的，所靠的不仅是有意识地努力掘进，也是无意识潜流的推动。

“老师，让我想想，让我想一想！”在这里，学生请求教师为有意识的思考留足时间。这请求让教师意识到：有时候必须留足的，还有无意识沉淀吸收的时间。

其二，关于皇帝。皇帝不是一个符号化的角色。和所有人一样，皇帝也是一个被深度且不自知的恐惧与不自信控制了的软弱的社会人。他对自己的称职与聪明其实没有确信，否则他不会将考察甄别臣民的任务交给那块不存在的布。当然，这里也有偷懒的成分。众口铄金，当臣子都盛赞新衣的时候，诱使、迫使臣子说谎的皇帝就只能裸体游行，将自己的不称职、不聪明连同至高至贵的龙体暴露于光天化日、众目睽睽之下了。

然而这又能怪谁呢？皇帝的信否决定了大臣的命运。当皇帝信任骗子的时候，为了自保，再诚实的大臣也只能欺骗皇帝了。既然骗术的力量是皇帝赋予的，那么由皇帝承担出丑的后果，这也是一报还一报、理固宜然的事情。

在成人的世界里，在“文明”与“教化”的社会中，世评世议对人的控制力、支配力无所不在。只要是人，概莫能免，哪怕你是皇帝。

从皇帝到大臣到普通市民，安徒生让全城所有成人都赞美新装，唯独安排天真未开的孩子道破那个简单的事实，这实在是大有意味的。借着孩子的眼睛，安徒生看见了权势、群体及舆论对人的异化；借着孩子的声音，安徒生喊出了对于这种异化力量的警惕与批判。所以，不要急着下结论，不要急着嘲笑那个显而易见的丑角。“让我想想，让我想一想！”谁认为故事只是讽刺了统治者的愚蠢、虚荣、荒唐，谁没有从皇帝身上认出自己，谁就紧紧裹着那件不存在的衣服。

其三，关于光身子。“我小时候也喜欢光着屁股到处跑，一点都不知道羞。”大家为什么都笑？大家笑，岂不也是因为想起了各自的童年？或许还有自己没有意识到的，想象长大了的自己依然“光着屁股到处跑”的奇异的兴奋与快乐？特意安排裸行的方式让皇帝出丑——故事成为这个样子，究竟是安徒生写作了《皇帝的新装》，还是《皇帝的新装》写作了安徒生？

每一个历久弥新的经典，所以能够让人百读不厌，所以能够让读者多多少少认出自己，乃是因为其中包含了“非如此不可”的生活原型，乃是因为其间折射了号称“集体无意识”的永恒而普遍的人性。

“《皇帝的新装》于无意中流露了作者的暴露欲，其实这也是文明人世世代代遭到压抑的潜在欲望。越是长相不漂亮的人，这种欲望就越强烈越自抑。所以啊，那个天体自然、裸行于街的皇帝，实在是以自我牺牲的形式，让读者在忘恩负义的笑声中获得了替代的释放与满足！”电话里，我如获至宝地对朋友说。“哦，这个发现一点也不稀奇。稍微有一点心理学常识的人都能读出来。”

6月16日 / 星期一 阴

舍不得讨论

喜欢这本书的内容，它让教师想到自己常讲的一段话：“开初，召唤‘请跟我来’，是为了让家长帮教师一把、扶孩子一程。不知不觉几年过去，在那些渐渐地或浓或淡有了些书香气息的家庭里，孩子正在成为一股柔软而温暖的力量，悄悄改变着他们的父母。”

喜欢这本书的画面，喜欢妖魔一家的绿皮肤。这是自然的颜色，代表着将因阅读得到充实、升华的自然性。孤独、郁闷、厌食，小妖魔闷在房间里跺脚发怒的样子真是难看啊，但那是一种多么让人心疼的难看。因为爸爸妈妈从来不陪他玩游戏，也从来不给他讲故事。在小妖魔家里，没有甜甜的苹果派，没有可口的牛奶米饭，也没有好吃的水果蛋糕。小妖魔偷看小朋友游戏的神情何其沉醉啊，那同样也是令人心疼的沉醉。因他身心孤独，缺乏必需的生命滋养。

“满脑子想的都是明天吃什么”——爸爸妈妈，他们的样子“自然”是贫乏、单调、愚鲁、麻木的。可是后来，因为孩子上学，因为孩子的朗读，父母的样子一点点起了变化，变得丰富、细腻、温存、灵动。“随着故事情节的起伏，他们一会儿大笑，一会儿哭泣，有时，甚至害怕得浑身发抖。”那时候，他们回到了失落的童年；那时候，书与孩子一起滋润了他们的灵魂。

什么叫覆水难收？谁说时光不能倒流？那时候，孩子为父母做的，其实是父母的父母在父母小时候该做而没有做的事情；那时候，就教育而言，这家人回到了能够回到的原点。

> 小妖魔捡到了一本书，那是一个粗心的小朋友丢下的。书里有漂亮的图画，还有一些小小的、黑黑的符号。
>
> 小妖魔把书夹在胳膊底下，飞快地跑回了家。他知道，那些小小的、黑黑的符号会讲出很多好听的故事！晚上，小妖魔拿着手电筒，躲在被窝里，仔仔细细地把这些符号看了一遍又一遍……可是，他还是不知道它们在说什么。
>
> 小妖魔难过极了。第二天一早，他就做出了一个重要的决定，他向爸爸妈妈宣布：“我要去上学！我要去读书！”

“绝食！小妖魔绝食了！”一个声音脱口而出。这是学生从画面读到的。“结果呢？爸爸妈妈同不同意送他上学呢？

猜猜看！”整个朗读，就这样连看带猜地进行着。

教师的朗读时断时续，有时候孩子们看图猜情节，有时候干脆就让他们猜下面画的是什么。而学生呢？几乎总能猜中。原因很简单：他们从小妖魔的痛苦、渴求与快乐中看见了自己的痛苦、渴求与快乐。他们简直就是一窝小妖魔。

“从前，有一个心地善良的食人小妖魔，他从来都不吃人。”开篇读到的第一句就很扣人心弦。学生想笑又不敢笑，因为——因为他们被打着饱嗝，正用人骨头剔牙的妖魔爸爸吓到了！

这真是一本好书。这真是一个好故事。今天不讨论。今天有点舍不得讨论。且让一团朴茂、纯净的快乐完整地氤氲沉淀在孩子心底。等他们长大成人——当他们做了父母，也许，他们中间会有一两个想起今天的朗读。

谁知道呢？重要的是教师好喜欢、好高兴！

7月1日 / 星期二 晴

破茧而出

27日区统考，28日区统改，29日誊写成绩，30日发放成绩单，7月1日全市统一放假。7校17个班单科及总分“排队”结果还没有出来，“高新区统考总结表彰大会”将在新学年开学之始隆重召开。

结束大会上，校长的话颇入人心：“统考，我们既要认真对待又不要陷入其中，一天到晚只知道抓分。因为竞争是不公平的。生源优劣不同，班额大小不同。光看分数，怎么比得出学校办学水平和教师教学能力？”

我没有参加阅卷。严老师从阅卷现场带回的信息是：四年级语文全部阅出之后，大家都围着电脑看，都以为排名第一的是62中四（2）班，因为四（2）班高分多且程度相对整齐，但是一算人均分却是第三。大家以为算错了，再算，还是第三。有人说了：“原来这个班63人。六十多人的班跟四十多人的班比人均分，当然拼不过。”

其实，只要教师肯卖力，舍得磨学生，六十人“拼过”

四十人也是能够做到的。只是我凭什么要那样做？凭什么要既虐待自己又无谓地折磨学生，尤其是好学生？不就是一分之差吗？何况我们在应试之外做了那么多有益有趣的事情。

95—98 分，5 人；

90—94 分，11 人；

80—89 分，33 人；

70—79 分，8 人；

60—69 分，3 人；

50—59 分，3 人。

作文满分五人：韩玉琤、郭乐、张悦媛、胡婧怡、方子裕。

数学堪称优异。一放假李景云老师就退休了，为了打好最后一仗，李老师可谓竭尽全力。而学生也以漂亮的成绩回报了老师的付出。在难度大、扣分严的情况下，李宋杰、胡婧怡、方子裕、盛建福荣四人获得满分；90 至 99 分的有 36 人。如此，与我共事八年，为本班辛劳四年的李老师便可心满意足地解甲归田了。在此，祝我的黄金搭档晚年幸福。

英语也很好。马静婷满分，90 至 99 分 23 人。难能可贵的是，作为代课教师的高扬在四处联络、忙于应聘的日子里，也没有放松教学。在此，祝小高前程似锦。

昨天的班会开了一个小时。会议气氛欢快而激奋。教师向学生通报并分析了班级成绩。“第一名 295 分；第十名

285 分；第二十六名 271 分；第五十名 240 分。”教师一边板书一边说，然后指着黑板问，“这说明什么？”

“第二十六名三门平均 90 分，第五十名三门平均 80 分。这说明我们班很棒！”孩子们一齐说。

“老师，老师！”总分 251、排名第四十二的李自成举手大喊，经过许可，这个大个子的男生站起来高声说，“我在暑假里要多看书，多学习。争取赶上他们！”

“我也是！”很多人做奋发努力状。

这正是教师期待的。如今的孩子，暑假里已经没有了青山、绿水、旷野，陪伴（其实是侵害）他们的只有电视或电子游戏。所以，对于如今的孩子来说，适度的读书学习倒成了一种健康自然的休息方式、成长方式。否则，整整两个月电视和电玩泡下来——完全失了学生形、儿童形了。写这个帖子的一个用意，就是给读到的家长提个醒，并通过他们转告其他家长：不能让孩子在漫长的暑假里玩得太油太野了。

一学期以来，这是我第一次在工作日志里说考试。以后也许就根本不说了。《不是我相信，而是我知道》所表达的是这样一种决心：认真总结，深刻反省；说到做到，“一意孤行”。不管分数怎样。

所以，所谓的“破茧而出”，不是发生在今天，而是发生在 1 月 28 日——寒假里那个暴雪的日子。

附录

Appendix

索／引

班／级／书／单

中国作品

系列图书

萧红《呼兰河传》绘本版：

《北国的小城》
《跟祖父学念诗》
《储藏室里寻宝》
《我家的后花园》

《颜色里的中国画》（全 4 册）：
曾孜荣 / 编著

《红》
《黄》
《蓝》
《绿》

《漫画中国古代科技》（全 4 册）：
朱抗 / 编写，洪涛、冯聪英 / 绘画

《四大发明的故事》
《古代建筑的故事》
《古代科学家的故事》
《古代医学家的故事》

单本图书

《男生贾里》《女生贾梅》
秦文君 / 著

《我要做好孩子》
黄蓓佳 / 著

《今天我是升旗手》
黄蓓佳 / 著

《月光下的肚肚狼》
冰波 / 著

《绿头发先生行医记》
刘海栖 / 著

《我和小素》
黄春华 / 著

《雨街的猫》
王一梅 / 著

国外作品

系列图书

幻想文学大师米切尔·恩德经典作品绘本（全9册）：
[德] 米切尔·恩德 / 著，[德] 理查德·米歇尔 等 / 绘，何珊 / 译

《光屁股大犀牛》

《吃噩梦的小精灵》

《奥菲利亚的影子剧院》

……

单本图书

漫画《父与子》全集

[德] 埃·奥·卜劳恩 / 著

《小恩的秘密花园》

[美] 萨拉·斯图尔特 / 文，[美] 戴维·斯莫尔 / 图，郭恩惠 / 译

《等一会儿，聪聪》

[英] 大卫·麦基 / 文·图，秋月 / 译

《彼得王子和泰迪熊》

[英] 大卫·麦基 / 文·图，秋月 / 译

《兔之眼》

[日] 灰谷健次郎 / 著，李丹 / 译

《汤姆·索亚历险记》

[美] 马克·吐温 / 著，张建平 / 译

《永远讲不完的故事》

[德] 米切尔·恩德 / 著，李士勋 / 译

《太阳的诗篇——〈森林报〉故事精选》

[苏联] 维·比安基 / 著，韦苇 / 译

多莱尔作品《北欧神话》

[美] 英格丽·多莱尔 / 著，李剑敏 / 译

《当世界年纪还小的时候》

[德] 于尔克·舒比格 / 著，[德] 罗特劳特·苏珊娜·贝尔纳 / 绘，廖云海 / 译

《埃米尔擒贼记》

[德] 埃里希·凯斯特纳 / 著，华宗德、钱杰 / 译

《秘密花园》

[美] 弗朗西丝·霍奇森·伯内特 / 著，李文俊 / 译

《丛林之书》

[英] 吉卜林 / 著，文美惠、任吉生 / 译

《月轮熊》

[日] 椋鸠十 / 著，奚燕风、王晶晶 / 译